2021年度国家社科基金艺术学重大项目
"设计创新与国家文化软实力建设研究"（21ZD25）成果

中国当代工业设计
产业实践与发展典型案例

蒋红斌 著

中国工业设计的发展离不开国家发展战略和政策的引导。理解和思考中国工业设计发展的特质和内在运行机制，关键要从中国社会的发展、城市更新、产业升级和企业创新等方面去寻求动因和逻辑。本书基于作者十余年的观察、研究和思考，重点围绕设计与城市、设计与产业、设计与园区和设计与企业等维度系统梳理了中国当代工业设计发展的典型路径和优秀案例，希望呈现出中国设计事业发展的面貌和机理，并由此探索设计创新赋能企业、社会和国家发展的强劲动力。

图书在版编目（CIP）数据

中国当代工业设计产业实践与发展典型案例 / 蒋红斌著. -- 北京：机械工业出版社，2024.8. -- ISBN 978-7-111-76505-9

Ⅰ.F426

中国国家版本馆CIP数据核字第2024UA9774号

机械工业出版社（北京市百万庄大街22号　邮政编码100037）
策划编辑：徐　强　　　　　　责任编辑：徐　强
责任校对：李　婷　丁梦卓　　封面设计：王　旭
责任印制：单爱军
保定市中画美凯印刷有限公司印刷
2024年9月第1版第1次印刷
170mm×230mm・11印张・147千字
标准书号：ISBN 978-7-111-76505-9
定价：98.00元

电话服务　　　　　　　　　　　　网络服务
客服电话：010-88361066　　　　　机　工　官　网：www.cmpbook.com
　　　　　010-88379833　　　　　机　工　官　博：weibo.com/cmp1952
　　　　　010-68326294　　　　　金　书　网：www.golden-book.com
封底无防伪标均为盗版　　　　　　机工教育服务网：www.cmpedu.com

推荐序一

首先，作为工业设计领域的一名"老兵"，我十分愿意为年轻一代的工业设计学者的学术研究成果作序。

重视中国的工业设计发展不仅关乎国家发展战略、社会创新与产业振兴，更为重要的原因是工业设计对中国整体社会、文化的深刻影响，它体现我国科学与艺术的融合程度，是知识经济的典型形式，是为人民创造美好生活的重要举措。清华大学蒋红斌教授的新作《中国当代工业设计产业实践与发展典型案例》，其整体思路是将中国当代工业设计的产业实践目标和愿景与国家发展战略深度绑定，理解工业设计的价值从国家振兴、城市更新、区域新兴和企业创新等维度进行典型案例分析与经验总结，进而形成整书的研究架构。

当今世界正在经历百年未有之大变局，新一轮科技革命和产业变革是影响大变局的重要变量，我国需要紧紧抓住这一重大历史机遇，实施"中国制造"向"中国创造"的战略转型，通过工业设计的产业赋能和社会辐射作用，到新中国成立一百年时，把我国建设成为引领世界的制造强国与设计强国。

中国产业已经经历了加工型向制造型的转型，接下来的历史使命是通过设计创新实现整体产业的自主创造型与正向研发型升维。与此同时，中国企业曾从打数量战，到质量战，再到价格战，现在与未来应该为中国高质量经济发展打好设计战。

书中所列举的部分城市、平台、园区和企业典型案例，也展现了中国工业设计产业朝气蓬勃、蒸蒸日上的发展前景；分析了中国发展工业设计的国家优势、地域优势、产业优势和政策优势；解读了工业设计赋能产业逐步形成稳定有序运行机制的规划逻辑。最后，将工业设计的发展方略、效用和势能加以提炼，为后续相关研究提供素材与启发。

本人曾兼任中国工业设计协会会长，鉴于多年的工作经历，我认为本书所研究的内容可以帮助企业发展工业设计并培育国家级工业设计中心，进而促进产业优化升级。书中对城市、园区和企业的设计效能进行观察、考察与体察，其意义不局限于帮助社会各界更新对工业设计作用的认识与价值的认同，还可作为政府管理部门研究工业设计发展机制的参考资料。

总而言之，面对人工智能时代的新要求与发展新质生产力的新目标，全社会要不断加深对设计本质与价值的认识，把设计创新、科技创新、艺术创新、管理创新和文化创新结合起来，"用好设计"以构建特色与优势鲜明的社会文明、生态文明与工业文明发展之路。

朱焘

2024 年 8 月

朱焘，中国工业设计协会原理事长兼会长，曾在国家机械委、经委、计委、经贸委、中国轻工总会、中央企业工委、国务院国资委工作，先后担任国家经委、计委、经贸委办公厅主任，国家计委企业管理局局长，国家经贸委副秘书长兼企业局局长、办公厅主任，中国轻工总会副会长，国家轻工业局副局长，国有重点大型企业监事会主席等职务，也是全国政协第十届委员。2013 年 12 月，文集《设计创造美好生活》由企业管理出版社出版；2021 年 12 月《由是之路——我经历的五十年企业变革》由社会科学文献出版社出版。

推荐序二

工业设计被纳入不同国家、区域和地方各级战略决策，以提高公众生活质量以及有效应对充满复杂性的地方和全球挑战。

中国正处在连接发达国家和发展中国家"共轭环流"的枢纽国以及"双向开放"的核心国位置，工业设计俨然成为推动我国攀升全球价值链前端以及赢得国家竞争优势的战略焦点之一。在这样的发展推力下，只有不断凝聚中国设计和中华文化的力量，提高城市、区域、企业等的设计能力和文化品性，形成独有、稳定的竞争优势，才能持续拓宽工业设计发展与创新的实践视野，形成区分全球化设计的"中国设计特征"，才能在经济的竞技场和思想观念的交流交锋场的国际市场上取得主动，从而将工业设计转化为推动经济社会发展的巨大动力。

清华大学蒋红斌教授的新作《中国当代工业设计产业实践与发展典型案例》，是国家社科基金艺术学重大项目"设计创新与国家文化软实力建设研究"的又一阶段性重要成果。该研究成果，至少为我们提供了两个解读"设计软实力"的维度：一是不能把通过工业设计创新提升国家文化软实力简单理解为一种对文化的包装、宣传与推广策略，而应当把设计创新作为一种国家文化的自我建构战略来整体布局、规划和落实。始终注重从中国经济发展的问题出发，进行整体性建构，不断强化自身的文化反思、再造、传承、阐释、创新、传播能力，以工业设计为纽带主动把"设计创新型城市转型""设计创新园区建设""企业设计实验室"三个层级紧密地关联在一起，并在这种深层次的文化价值互动、凝聚、整合、重构的基础上引领和推进中国工业设计和文化软实力发展。二是将工业设计的跨文化性特征视为一种文化战略手段，认为工业设计的跨文化性能增进社会凝聚力、助力创造一个有利于可持续发展的产业环境，主张通过工业设计打破文化界限，寻求赋能产品跨国界、跨语境交流的媒介价值，以便易于不同文化背景的读者理解，提高中国故事的国际表达能力和效果。

我们看到，由"技术一元化"驱动的主流创新所形成的知识谱系，正在全球制约着人类历史由多元性和多样性构筑的知识体系，进而导致社会的创新和创造能力急剧衰退。在建设国家文化软实力体系的理论研究和实践探索过程中，我们面临的机遇就是要将以文化创新为主导的"设计软价值"也作为一项关键能力纳入创新主流。工业设计成为文化软实力甚至文化国力的重要内容，既折射出社会经济发展对工业设计的基本需求，又体现出以工业设计塑造和传递国家形象与社会主流价值观的重要意义。

孙磊

2024 年 7 月

孙磊，国家社科基金艺术学重大项目"设计创新与国家文化软实力建设研究"首席专家，山东工艺美术学院宣传部部长、设计策略研究中心主任、教授。

前言

中国政府产业治理的优势在于"一张蓝图绘到底",国家对促进工业设计发展的政策扶持力度不断加大,这为企业用工业设计助力高质量发展提供了契机,有利于企业实现经济效益提升、组织高效运转和产品优化更新。中国作为工业设计后起发展国,更加清醒、清晰地意识到工业设计在中国生根发展需要先进性的、独特性的、与国情高度融合的组织机制,要与国家、政府、产业、企业和高校之间形成一致的发展理念,即"国家战略－政策支持－行业趋势－企业发展自上而下的工业设计发展一致性蓝图"。

本书统计了"十一五"时期、"十二五"时期、"十三五"时期和"十四五"期间,中国的设计之都与服务型制造示范城市(工业设计特色类)、工业设计企业和国家级工业设计中心的发展质量与攀升数量,以证实国家相关扶持政策对中国工业设计发展的积极赋能。然而,国家政策的推动及指导是一个复杂体系,除了把握国家宏观政策环境外,还需要系统梳理并从设计专业角度对政策进行深度解读,才能把握政策的指引目标与推进方式,从而更好地推进工业设计在宏观、中观和微观层面的健康发展。

本书的写作初衷与核心价值是通过政策与产业发展研究为设计强省、设计强市、设计强产、设计强企提供参考和借鉴。笔者通过多年研究发现,在国家、政府、行业和企业等的共同努力下,工业设计促进了城市更新、激活了区域产业链建设、推进了传统产业转型、赋能了企业工业设计中心升级，社会各界对设计价值的共识与认同也在不断加深。

本书的内容是以工业设计赋能国家发展战略的平台类型进行划分，共分为四个单元。前三个单元从宏观城市发展层面、中观区域建设层面、微观企业内部国家级工业设计中心培育层面展开三个维度的一致性分析，每个单元各分为两章展开对中国工业设计发展典型案例的点评，旨在启发中国的城市、区域和企业重视工业设计产业、紧随国家发展步伐、利用好相关政策支持，形成政产学研系统性的创新机制，进而助推中国经济的高质量发展。第四单元将三个维度进行综述，总结了中国工业设计发展机制的特征与优势。

本书是 2021 年度国家社科基金艺术学重大项目"设计创新与国家文化软实力建设研究"（21ZD25）成果。项目的研究价值是基于对世界范围内工业设计强国凝聚文化软实力的发展路径与经验分析，聚焦中国工业设计的发展能力与实践效能研究，让设计创新成为国家发展新质生产力的助燃剂和催化剂。

面向未来，工业设计在城市、区域、产业和企业所不断施展出的组织力和战略决策力，将为推动中国经济高质量发展注入澎湃动力。

目 录

推荐序一

推荐序二

前言

第一单元
工业设计赋能城市更新
001

一、国际交流：联合国教科文组织设计之都

1.1 科技产能基因激活城市创新力
　　深圳：联合国教科文组织设计之都（2008）　　　　004

1.2 文化产业链聚合设计动能
　　上海：联合国教科文组织设计之都（2010）　　　　008

1.3 产学研联动打造创新产业孵化器
　　北京：联合国教科文组织设计之都（2012）　　　　011

1.4 文旅产业赋能城市品质革新
　　武汉：联合国教科文组织设计之都（2017）　　　　014

1.5 设计赋能产城乡融合
　　重庆：联合国教科文组织设计之都（2023）　　　　017

二、制造凝聚：服务型制造示范城市（工业设计特色类）

2.1 设计企业聚拢带动产业智能转型——杭州　　　　020

2.2 设计驱动与服务制造深度协同——烟台　　　　　021

2.3 地域文化推动传统产业转型升级——苏州　　　　022

2.4 数字信息产业推动城市更新——厦门　　　　　　024

2.5 工业文化与先进制造业多维度融合——沈阳　　　025

IX

027　第二单元
工业设计赋能区域新兴

三、创业孵化园区

3.1 产能聚集赋能设计创新创业——广东工业设计城　　029

3.2 创意文化产业汇集设计人才——北京 751 D·PARK　　033

四、创造力园区

4.1 交叉融合型创新人才培养平台——清华 x-lab　　038

4.2 设计创新塑造经济增长新动能——重庆工业设计产业城　　040

042　第三单元
工业设计赋能企业发展

五、国家级工业设计中心（制造企业）

5.1 数字化与信息化引领通信科技行业
　　华为技术有限公司　　044

5.2 从"和谐号"到"复兴号"践行"中国方案"
　　中车青岛四方机车车辆股份有限公司　　048

5.3 "软硬兼备"自主研发赋能品牌出海战略
　　深圳市大疆创新科技有限公司　　052

5.4 以"生态链"辐射智能产品系统工程
　　小米科技有限责任公司　　056

5.5 高品质智能家电引领质价比时代
　　海尔集团公司　　060

5.6 突显企业"集体主张"的小家电产业链
　　美的集团股份有限公司　　062

5.7 融入"一带一路"建设的重装品牌输出方略
　　三一集团有限公司　　064

5.8 以服务体验增加用户品牌黏性与价值认同
    上海蔚来汽车有限公司　　　　　　　　　　　066

5.9 "萌"家电深耕用户心智实现产品创新生命力
    小熊电器股份有限公司　　　　　　　　　　070

5.10 自主研发驱动高端装备设计创新突围
    沈阳新松机器人自动化股份有限公司　　　　072

5.11 "划时代"的中国汽车形象探索与实践
    理想汽车有限公司　　　　　　　　　　　　074

5.12 中国传统文化与先进生产力的协同创新
    郑州大信家居有限公司工业设计中心　　　　076

5.13 用细节打造多维度的优良儿童产品
    好孩子儿童用品有限公司　　　　　　　　　080

5.14 深耕用户体验与多元化使用场景
    潍柴控股集团有限公司　　　　　　　　　　082

六、国家级工业设计中心（工业设计企业）

6.1 从创新服务到创意孵化
    浪尖设计集团有限公司　　　　　　　　　　084

6.2 科技与创新有机融合
    杭州瑞德设计股份有限公司　　　　　　　　088

6.3 深耕设计创新与战略统筹
    上海木马工业产品设计有限公司　　　　　　090

6.4 文化传承与客户至上
    北京洛可可科技有限公司　　　　　　　　　092

6.5 产品品牌整合与理念创新
    杭州飞鱼工业设计有限公司　　　　　　　　094

6.6 产品设计创新策略引领
    北京上品极致产品设计有限公司　　　　　　096

6.7 服务沈阳八大产能
    沈阳创新设计服务有限公司　　　　　　　　098

第四单元
中国工业设计发展机制的优势总结

七、为城市发展提供设计势能
7.1 城市群落：发挥辐射作用构筑设计卫星城市网络　　102
7.2 人才凝聚：学科交叉融合汇聚复合型设计人才　　104

八、为区域发展提供设计效能
8.1 产业集群：激活园区创新功能孵化新兴产业链　　106
8.2 研究组织：构建创新生态提升设计国际竞争力　　109

九、为企业发展提供设计动能
9.1 实践型：工业设计中心成为企业战略升维的引擎　　112
9.2 服务型：以设计服务探索市场规律引发自身成长　　118

附录

附录1　国家级工业设计中心列表　　121
附录2　国家级工业设计中心认定管理办法　　139
附录3　中国设计园区名录列表　　143
附录4　朱焘《关于我国应大力发展工业设计的建议》　　147
附录5　全国高等院校综合设计基础教学论坛　　152
附录6　中国工业设计协会专家工作委员会第三届名单　　153
附录7　工业设计学习参考书目　　154

后记

第一单元

工业设计赋能城市更新

· 国际交流：联合国教科文组织设计之都
· 制造凝聚：服务型制造示范城市（工业设计特色类）

中国的"设计之都"致力于国际化的产业生态建设，以社会整体利益为核心，注重城市经济发展的有机融合与可持续更新。自 2008 年起，中国先后有五个城市入选"设计之都"城市名单，分别是深圳、上海、北京、武汉和重庆。深圳作为中国现代设计理念的发源地率先于 2008 年入选，上海凭借数字创意产业的特色进入创意城市发展的快速通道，北京的"科技创新""文化创新"的双轮驱动战略成为其特色，武汉则是以"老城新生"为主题、凭借工程设计优势引人注目。表 1 将前四座城市的创意产业发展现状进行了数据统计与对比（重庆于 2023 年评出，目前数据不全，未列出）。

从目前中国入选"设计之都"的城市类型上归类，四座城市均属于国内一线城市。中国致力于发展"设计之都"的目标计划是以一线城市的设计辐射能力带动周边城市实现设计产业与传统制造产业的高度融合与发展。如图 1 所示，笔者结合现有文献与数据资料对四座城市的设计能力进行了综合评估，其中重点关注"设计推动和辐射周边城市发展"这一项，发现单纯依靠地缘优势与一线城市影响力实现设计辐射力的提升并没有达到预期。放眼未来，需要思考新的发展策略。大数据、区块链、物联网、人工智能等颠覆性技术的突破，深刻改变着中国的生产模式与生活方式。以 2012 年入选"设计之都"的北京为例，作为全国的"科创中心"，拥有雄厚的高新技术资源，将科技与设计有机结合，在促进设计研发、科技成果转化和设计与制造业融合发展中，北京形成了"科技 + 设计"的新模式，对于促进城市间产业融合、助推京津冀协作与科技成果转化、推进北京设计国际化具有重要意义。

表1 中国四个"设计之都"的创意产业发展情况

城市	"设计之都"认定年份	创意产业增加值	创意产业总产出	设计行业从业人员	创意产业集聚区	创意产业门类	总体特色
深圳	2008年	3000亿元	9700亿元	22.8万人	114家	电子信息、医疗器械、新能源等战略性新兴产业	中国现代设计理念的发源地
上海	2010年	1148亿元	3900亿元	35.1万人	82家	研发设计、建筑设计、文化传媒、咨询策划和时尚消费	数字创意产业
北京	2012年	1600亿元	4509亿元	25.7万人	30余家	创意设计、媒体融合、广播影视、出版发行、动漫游戏、演艺娱乐、文博非遗、艺术品交易、文创智库	"科技创新""文化创新"双轮驱动战略
武汉	2017年	1000亿元	2200亿元	10.2万人	20余家	数字创意、文旅休闲	"老城新生"

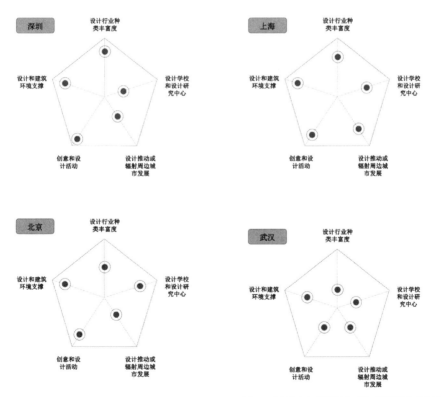

图1 中国四个"设计之都"的设计实力评估

一、国际交流：联合国教科文组织设计之都

1.1 科技产能基因激活城市创新力
深圳：联合国教科文组织设计之都（2008）

城市认定"设计之都"时间

2008年，深圳被联合国教科文组织认定为"设计之都"。凝聚了中国众多前沿的科技企业，成为深圳迅速发展的核心竞争力，深圳的设计产业发展特色和优势在于与在地科技产能融合协作，形成了城市转型的驱动力和创新力。

深圳的创意和设计的成长，同样意味着人与城市的不断更新，深圳作为中国工业设计的重要枢纽，其发展得益于政策优势、科技创新、产业集聚以及人才优势等多重因素的共同推动。未来，技术进步和市场需求将与城市人文进一步融合并不断演进，深圳在设计领域的影响力和竞争力预计将持续增强。

深圳借力"设计之都"发展设计情况

深圳作为中国改革开放的先行者和重要的经济特区，设计产业的发展得到了众多支持，已经成为全国乃至全球工业设计的重要中心之一。联合国教科文组织对深圳的评语中写道："作为一个快速成长的城市，（深圳）有着很短却充满活力的历史，以及众多的年轻人，令人印象深刻。由于本地政府的大力支持，深圳在设计产业方面拥有扎实的基础。它充满活力的平面设计和工业设计部门，快速

发展的数字内容和在线互动设计，以及采用先进技术和环保方案的包装设计，均享有特别的声誉。"

作为改革开放的先锋城市，深圳率先发展市场经济，生产制造企业的产品主要面向国外，因此产品设计也直接与国际接轨。在频繁的国际贸易中，国内企业紧跟国外设计思路，逐渐促生品牌意识的觉醒，推动深圳成为中国现代设计理念的发源地。与荷兰、意大利或日本等国的设计相比，追逐"新生"是这个城市的法则，其先锋与实验的态度，更多表现在平面设计上。深圳的工业设计更趋向实用性与服务性。

如今，深圳已有超过 10 万家设计企业。深圳获得的 IF、红点等国际工业设计大奖，已经连续六年居全国首位，遥遥领先北京、上海、广州、杭州等城市。深圳的华为、飞亚达、大疆、嘉兰图等龙头企业已设立了较大规模的设计中心，通过设计创新提高产品品质。未来，深圳将蓄力发展以人工智能、新能源汽车、新型储能、高性能医疗器械等为代表的新支柱产业。

城市特色产业：新能源汽车

深圳出台了系列支持政策，培育壮大新能源汽车产业，形成了良好的全产业链生态，整个行业迎来爆发式增长。2023 年上半年，深圳新能源汽车、充电桩产量分别增长 170.2%、32.6%，比亚迪新能源汽车销售 125.56 万辆，同比增长 95.78%。2023 年，深圳启动了"超充之城"建设，这将打开一个更加巨大的新能源产业市场。

城市代表企业：比亚迪

比亚迪是一家以新能源汽车和储能系统为主要业务的高科技企业，比亚迪一直把电动汽车作为未来发展的方向,同时对电动汽车的核心技术进行持续高投入,有较为深厚的技术积累。

比亚迪汽车在外观设计上注重科技感和现代感,采用流线型设计语言和前卫的设计风格,突出其新能源汽车的先进性和未来感(见图1-1)。其内部配置普遍采用了先进的智能互联技术,如大屏幕显示、语音识别、远程控制等,提升了用户体验和驾驶乐趣。同时,比亚迪作为全球新能源汽车的领先者,其设计特色突出体现在整合创新的新能源技术。比亚迪推出了多款混合动力车型和纯电动车型,如秦、唐、宋等,其设计旨在优化能源利用效率,减少对环境的影响,同时提升车辆的动力性能和续航能力。

综上所述,比亚迪汽车以其现代化的外观设计、科技感的内饰配置、新能源技术的领先地位以及全球市场的快速响应能力,展现出在汽车设计领域的鲜明特色和竞争优势。

图 1-1　比亚迪仰望 U8

1.2 文化产业链聚合设计动能
上海：联合国教科文组织设计之都（2010）

城市认定"设计之都"时间

2010年，联合国教科文组织向上海市发函，正式批准上海加入联合国教科文组织"创意城市网络"，颁发给上海"设计之都"称号。上海的城市文化孕育了文化产业的不断壮大，上海以工业设计和数字设计为主线，强化文化成果、科技成果、信息技术和绿色设计的融合，打造文化产业的核心竞争力，赋能未来产业和新兴产业的高速发展。

同时，上海持续推进企业国家级工业设计中心培育、市级设计创新中心评定和设计引领示范企业创建工作，加大高新技术企业和企业技术中心认定工作力度。通过以上政策扶持和引领，上海实现了多维度产业链聚合，提升了设计动能。

上海借力"设计之都"发展设计情况

上海要建设"四个中心"，实现"四个率先"，必须加快创新步伐。经济全球化背景下各国的经济发展更多取决于通过创造、创新和创意进行的"知识生产"。创新和创意，已经成为上海综合竞争力的重要资源，成为影响上海未来发展的重要因素。

从2004年起，上海在全国率先提出并推动创意产业发展。市委、市政府明确要求加快形成以服务经济为主的产业结构，并把文化和创意产业作为重要的发展内容。

从大飞机机头的设计，到遍及世界各港口城市的振华港机集装箱桥吊；从荣威自主品牌汽车，到展讯 5G 芯片的创新；从创造了世界造桥史上多项第一的"桥梁大师"林元培，到中国国家工艺美术大师张心一、张京羊。创新和创意已经越来越成为上海这座城市发展的重要动力源泉。

城市特色产业：机器人产业

2024 年，国家地方共建人形机器人创新中心在上海揭牌，该平台是（人形机器人领域）国家首个公共平台，通过这个公共平台，可打造集技术研发、成果孵化、人才培育、平台支撑为一体的创新生态，同时加快开源人形机器人原型机的研发。

城市代表企业：上海新时达机器人有限公司

上海新时达机器人有限公司是国内机器人产业布局高度完备的企业，通过多年持续的科研攻关、技术革新与产业整合，新时达以机器人和运动控制系统产品为核心，在国内建立了"关键核心零部件本体—工程应用—远程信息化"的智能制造业务完整产业链布局，形成了高素质的研发队伍，完善的产品基础与应用产品平台，自主掌握的机器人控制、驱动与本体设计核心技术等优势。

图 1-2 所示为新时达机器人。

图 1-2　新时达机器人

1.3 产学研联动打造创新产业孵化器
北京：联合国教科文组织设计之都（2012）

城市认定"设计之都"时间

2012 年，北京被联合国教科文组织授予"设计之都"称号。北京具备世界领先的设计人才培养优势，诸多知名院校汇集，为在地企业实施产学研联动提供了支撑与平台。北京坚持创意创新、淡化行业界限、强调交叉融合的大设计理念，不断提高设计在产业的孵化能力，充分发挥创意设计对实体经济相关领域的促进作用。

同时，北京积极推动民族文化与现代设计的有机结合，形成了具有中国文化特色的创意设计发展路径，并不断拓展大众消费市场，探索个性化定制服务，优化提升北京国际设计周，为创意设计产学研联动提供平台。

北京借力"设计之都"发展设计情况

北京最鲜明的两个特征是"科技创新"与"文化创新"。一方面，北京的科技资源和创新优势，为"设计之都"建设提供了科技支撑；另一方面，北京作为全国"文化中心"，丰富了"设计之都"建设的文化内涵，尽显科技魅力和文化魅力。

设计产业是北京支柱产业之一，从业人数近 25 万人，产业总值估计超过 1600 亿元。北京每年举办的北京国际设计周、中国设计红星奖、北京时装周、北京国际电影节、北京国际文化创意产业博览会和北京国际科技产业博览会等活动，均得到了世界认可。

北京拥有 30 余个文化创意集聚区,并汇集了多项享誉世界的建筑设计,如法国建筑师保罗·安德鲁设计的国家大剧院,英国扎哈·哈迪德设计的银河 SOHO,以及英国诺曼·福斯特建筑事务所设计的北京首都机场 T3 航站楼等。

城市特色产业:绿色能源与节能环保产业

绿色能源与节能环保产业是北京市重点发展的特色优势产业之一。在绿色能源与节能环保产业链布局方面,北京主要是以氢能全链条创新为突破,推进新能源技术装备产业化,打造绿色智慧能源产业集群。在氢能供应产业领域,北京的整体技术水平与产业化能力全国领先。

根据北京市发改委对外公布的北京市 2021 年重点工程计划名单,涉及绿色能源与节能环保建设领域的氢能项目主要包括恒动氢能的氢能燃料电池研发生产项目,国家电投氢能公司膜电极中试产线项目,北汽福田氢燃料商用车及测试能力建设项目,以及北京兴创投资大兴氢能示范区项目北区项目等。

城市代表企业:北京汽车集团

随着新能源技术的兴起,北京汽车集团积极在设计中整合电动化和智能化技术。其新能源车型通常具备先进的电动驱动系统、智能驾驶辅助系统和联网功能,以提升驾驶体验和节能环保性能。为了应对市场需求的多样性,北京汽车集团推出了各种各样的车型,从经济型到高端豪华型,还有新能源车型(见图 1-3)。产品设计上的灵活性和多样化使其能够适应不同市场和消费群体的需求。

北京汽车集团的设计特征体现了传承与创新的平衡,注重市场需求和消费者体验,同时在设计上融入了中国文化元素和现代化的国际化标准,使得其产品能够在全球市场上具备竞争力和吸引力。

此外，其车型通常考虑国内消费者的审美趋势和文化背景。例如，前脸设计采用大尺寸的进气格栅和动感的灯组，以符合市场对于豪华和力量感的偏好。

图 1-3　北京汽车集团的汽车产品

1.4 文旅产业赋能城市品质革新
武汉：联合国教科文组织设计之都（2017）

城市认定"设计之都"时间

2017 年，经联合国教科文组织评选批准，武汉正式入选 2017 年全球创意城市网络"设计之都"。武汉加快推进在地文旅产业与制造业、工业设计产业与服务业的深度融合，打造了一批"武汉文创""武汉制造"和"武汉服务"的新品牌，培育了一大批文旅融合创意设计驱动型企业，推动了设计为城市经济赋能。武汉的设计特色在于与工业、农业、建筑、商贸、文旅、金融、互联网、科技领域跨行业融合发展。其桥梁、高铁、城市规划、数字媒体艺术等领域的创新设计能力高居世界领先水平，动漫游戏、服装珠宝和印刷包装等设计产业在全国占重要地位。

武汉借力"设计之都"发展设计情况

武汉是全国重要的工业基地、科教基地和综合性交通枢纽。武汉经济结构多样化，市场需求广泛，设计行业在满足城市建设、企业品牌形象、文化活动等多方面有着广阔的发展空间。从城市公共设施到商业空间、文化创意产业，都推动了设计行业的多元化和专业化发展。

武汉作为中国重要的创意产业基地之一，设计行业蓬勃发展，涵盖建筑设计、工业设计、服装设计、平面设计等多个领域。例如，武汉东湖新技术开发区集聚了大量设计机构、设计师和创意企业，推动了创意产业的发展。

城市特色产业：汽车产业

汽车产业是武汉的第一大支柱产业。武汉经开区集聚了 9 家整车生产企业，13 家整车工厂，整车产能 250 万辆，其中新能源汽车产能达 146 万辆，形成了"传统零部件 + 三电 + 软件 + 芯片"的完整布局，涵盖动力系统、车身系统、底盘行驶系统、智能座舱系统和电气系统等。

城市代表企业：东风汽车

东风汽车集团有限公司是我国汽车行业的大型骨干企业，前身是始建于 1969 年的第二汽车制造厂，总部设在湖北省武汉市。东风汽车产业链齐全、产品系列丰富，主要产品覆盖豪华、高档、中档和经济型，业务涵盖全系列商用车、乘用车、军车、新能源汽车、关键汽车总成和零部件、汽车装备、出行服务和汽车金融等。

东风汽车拥有有效授权专利 1.6 万余项，建设了国际先进、国内一流的产品设计与试验设施。东风汽车（见图 1-4）注重品牌形象的传播与塑造，通过设计语言的连贯性和品牌标识的一致性，提升了消费者对其产品的认知度和好感度。同时，东风汽车根据不同市场的文化背景和消费者需求进行定制化设计，增强了其在国内外市场的竞争力和适应性。东风汽车通过不断的设计创新、国际化团队和技术引进，以及市场适应性的强化，使其工业设计水平得到了显著提升。这些努力不仅提升了产品的竞争力，也为消费者带来了更多选择和更好的用车体验。

图 1-4 东风汽车

1.5 设计赋能产城乡融合
重庆：联合国教科文组织设计之都（2023）

城市认定"设计之都"时间

2023 年，经联合国教科文组织评选批准，重庆正式入选 2023 年全球创意城市网络"设计之都"。一直以来，重庆以创建"设计之都"和打造工业设计高地为目标，把工业设计作为赋能制造业高质量发展、工业现代化建设的重要引擎，推动"设计强市"，助推城乡融合发展。

重庆借力"设计之都"发展设计情况

2021 年，重庆作为西部唯一城市入选全国首批 4 个工业设计示范城市。2022 年，重庆明确提出以国家工业设计示范城市为基础，积极创建联合国教科文组织世界"设计之都"总目标。目前，重庆设计产业规模不断壮大，已建成国家级工业设计中心 10 家，市级工业设计中心 165 家，市级工业设计研究院培育对象 18 家，区县级工业设计中心 89 家，设计主体梯次培育体系初步搭建。国家、市级工业设计中心设计产品销售收入首次超 2100 亿元，两级工业设计中心设计服务收入超 3 亿元。重庆设计公园、重庆工业设计产业城、重庆工业设计总部基地三大工业设计集聚区，为全球设计资源汇聚提供了广阔平台；国家级、市级、区县级三级工业设计中心为设计合作应用提供了更多载体；重庆大学、西南大学等院校开设了设计相关专业，为设计产业发展提供了强有力的人才保障。

城市特色产业：汽车和摩托车产业

有着"摩都"之称的重庆，一直是全国摩托车的重要生产基地。2020 年，重庆市政府工作报告就提出，将摩托车产业作为推动支柱产业迭代升级的重要领域，并明确了"重点发展电动摩托车、踏板车、中大排量摩托车"的转型方向。在这一方针的指引下，重庆摩托车产业紧盯新能源、大排量、高端定制化等行业趋势，聚焦新能源摩托整车及核心配套产业开始发力。

2023年6月，重庆提出要着力打造"33618"现代制造业集群体系，明确了加强新能源摩托车、中高端摩托车研发，大力发展室内高端摩托车的车架、电驱动等关键零部件，完善本地配套体系，加快推动摩托车产业集群发展。

城市代表企业：豪爵摩托

豪爵控股有限公司是以摩托车产业为主的多元化投资公司，旗下拥有多家全资或控股子公司，先后在广东江门、江苏常州、重庆江津投资创建了三大摩托车生产基地。豪爵摩托车设计强调功能性和实用性，为用户提供舒适的乘坐体验和便捷的操作性。无论是城市代步还是长途旅行，豪爵的车型都注重人机工程学，使得骑行更加舒适和安全。

豪爵牌摩托车不仅畅销国内，而且出口到七十多个国家和地区，产销量和经济效益连续九年名列中国摩托车行业第一。豪爵摩托车外观设计追求时尚和动感（见图1-5），体现了现代摩托车的审美标准，从灯组到车身线条，都展现出流畅、精致的设计风格，吸引了大批年轻消费者群体。

豪爵在技术上不断创新，采用先进的发动机技术和电子控制系统，提升了摩托车的动力性能和燃油经济性。同时，豪爵也在新能源领域进行探索，推出了电动摩托车等环保型产品。

图1-5 豪爵摩托

二、制造凝聚：服务型制造示范城市（工业设计特色类）

服务型制造，是制造与服务融合发展的新业态。工业和信息化部不断推动城市"制造＋服务"融合模式，加大政策引导力度，引领带动制造业企业转型升级。

未来 10 年，将是中国制造业实现由大到强的关键时刻，是真正实现由"中国制造"向"中国创造"提升的重要时期，而以工业设计为特色的服务型制造示范城市所涵盖的相关企业是城市更新发力的重要抓手。

2.1 设计企业聚拢带动产业智能转型——杭州

获得荣誉时间

2021 年，工业和信息化部发布《关于公布第三批服务型制造示范名单的通知》，杭州成功获批国家服务型制造示范城市。杭州搭建智能化、专业化设计平台，鼓励企业通过工业设计塑造高品质、高技术、高价值的产品形象，满足多元化消费场景需求。同时，智能制造推动产业优化升级，促使杭州成功创建全国首个服务型制造研究院，并开展浙江省智能服务型制造区域试点工作，这为相关产业的创新实践提供了参考指引。

此外，杭州市积极推动设计资源与要素重组。例如，依托"时尚 E 家"品牌推动中小微服装企业产品的设计、面料、制版、生产、造型、仓储等资源重组与共享，打造集共享智慧工厂产业园、设计创意基地、新零售街区、创新孵化基地、电商基地于一体的智能产业创新生态系统。

城市设计能力评价

近年来,杭州充分发挥数字经济和高端服务业发展优势,推动制造业和服务业双向融合,重塑产业链和价值链;以服务型制造助力产业基础升级,促进产业高端要素比重不断提升,制造业高端化转型趋势明显;以服务型制造推动企业制造向全生命周期管理、供应链管理等价值链高端转移,促进电子商务、文化旅游等服务型企业向制造环节延伸,带动整体服务业发展。

接下来,杭州将以服务型制造示范城市为新的起点,以数智赋能进一步推动服务型制造变革。同时,杭州将发挥领军企业拓展能力,加快构建以大带小、大中小企业融通发展的产业链服务型制造模式,并发挥服务型制造示范城市的引领性,加快向杭州都市圈城市、长三角城市输出服务型制造能力,加快推动区域产业一体化发展。

2.2 设计驱动与服务制造深度协同——烟台

获得荣誉时间

2021年,烟台市成功获评国家服务型制造示范城市(工业设计特色类),比肩上海市浦东新区、重庆市、深圳市,是全国唯一入选的地级市。烟台以工业设计为引领,推动服务制造产业链与创新链、价值链的深度融合,整合配置工业设计产业链关键创新要素,提供全流程创新设计、全领域品牌设计、全产业链整合研发等产业升级解决方案。烟台在智能产品、智能设计、智能制造领域打造全域赋能、融合共生的产业生态系统,有力对接链主企业、骨干企业联合开展设计研发攻关,持续助力工业设计服务能力延伸和服务模式升级,为市内乃至山东省工业设计产业注入了创新活力。

城市设计能力评价

近年来,烟台工业设计产业链在创新驱动发展的引领下,以创建"世界设计之都"和国家工业设计特色类服务型制造示范城市为目标,把工业设计作为赋能制造业高质量发展、推动制造强市建设的重要引擎,在赋能产业发展上迈出了坚实步伐,一批工业设计产品攀升中高端,一批工业设计新模式不断涌现。烟台高新区作为工业设计产业链领建园区,是集聚国内外知名设计企业、积极培育工业设计新模式新业态的重要载体。烟台工业设计小镇立足于产业赋能示范,聚焦国内外工业设计及其衍生产业,吸引了众多科技创新和商业创新项目。

同时,烟台充分发挥全国首家省级工业设计研究院——山东省工业设计研究院的龙头带动作用,以智能制造、工业设计为着力点,积极为政府和企业提供行业分析、政策研究、数字化流程改造、人才培训等服务,并鼓励链主企业积极谋划重大项目,在设计赋能、品牌活动策划组织、重大项目研发设计、产业链精准招引等方面开展工作。此外,烟台还开展了"人才赋能"行动,通过"校企联手""校企联姻"开展产学研合作,并依托哈尔滨工程大学烟台研究院、中集海工研究院、烟台大学、鲁东大学等科研院所培育高端设计人才。烟台还利用国家级科创平台、研发机构等创新载体,向各链上企业提供研发装备、资金及应用场景等资源,合作推动设计在产业链的广泛应用,激活创新平台对于提高创新能力、招才引智质量的重要引擎作用,为产业链的创新发展提供新动力。

2.3 地域文化推动传统产业转型升级——苏州

获得荣誉时间

2018年,主题为"赋能制造,服务未来"的"第二届中国服务型制造大会"

在福建省泉州市召开，工业和信息化部产业政策司公布了包括苏州在内的第二批服务型制造示范名单。

苏州借助地域文化优势、发挥制造业与服务业多元化融合发展主体作用，打通产出服务化和服务产品化"任督二脉"，加快实现"制造业服务化、服务业制造化"建设，推动制造业、服务业龙头与领军企业从单纯的产品制造商或服务提供商向"产品+服务"提供商转型，最终实现以地域文化融合产业创新为特征的城市更新。

苏州城市的现代化转型以数字经济时代产业创新集群融合发展为主抓手，聚焦电子信息、装备制造、生物医药、先进材料四大主导产业创新集群以及数字赋能型、知识驱动型、消费导向型三类新兴服务业，构建"4+3"特色产业创新集群培育机制，不断强化"群与群"融合、"业对业"奔赴，持续提升全过程、全领域产出价值和运行效率。

苏州工业互联网、元宇宙和供应链"平台+""场景+"促进了平台式"两业融合"，充分发挥了数字技术的放大、叠加和倍增作用，推动了跨企业、跨行业、跨领域的平台式立体融合，探索了实现制造先进精准、服务丰富优质、流程灵活高效、模式互惠多元的新路径，初现两业融合"幂数效应"，构筑起国内领先的"两业融合"发展新高地。

城市设计能力评价

苏州是举世闻名的世界最大制造业基地之一，苏州要把制造业和服务业作为产业创新集群发展的重要方向，以C端和终端为重点，大力引育生态主导型企业。同时，苏州全力推动龙头企业牵头组建创新联合体，培育更多"专精特新"和"小巨人"企业，不断激发产业创新集群发展的内在动力。2022年，苏州全市有效高新技术企业达到了 1.3 万家，数量仅次于北京、深圳和上海，首次跃居全国第四；同时新增 9 家国家制造业单项冠军企业和 122 家国家专精特新"小巨人"企业。此外，生物医药和高端医疗器械、高端纺织、纳米新材料 3 个制造业集群，也成功入选了国家先进制造业集群。世界级的制造业实力，是苏州发展现代服务业所拥有的一个其他城市鲜少具备的巨大优势。强大而先进的制造业对数字技术的巨大渴求，为现代服务业的扩张与升级提供了数不胜数的应用场景。

2.4 数字信息产业推动城市更新——厦门

获得荣誉时间

2018 年，工业和信息化部产业政策司公布了第二批服务型制造示范企业和示范城市名单，厦门入选示范城市名单。厦门正承担着信息化促进工业化、工业化带动信息化"两化融合发展"的城市转型历史使命。

当前，厦门正全力推动数字经济和实体经济深度融合，以"产业数字化、数字产业化"为主线，培育多个数字信息产业集群，并以区域性工业互联网及厦门智慧城市建设为支点，构建"数字经济"产业生态圈。

城市设计能力评价

服务型制造是制造业的方向和未来，是加快发展先进制造业，培育新增长点、形成新动能的重要支撑，厦门以此作为产业转型升级的重点，积极推动建设高素质高颜值之城。

工业设计是引领制造业发展的先导产业，是产业链中极具增值能力的环节。

就厦门而言，发展工业设计，也是突破资源瓶颈制约、提升产业竞争力、实现可持续发展的重要途径。

事实上，发展工业设计，厦门有着良好的基础和条件，并且其工业设计产业也在步入新阶段。目前，厦门已有工业设计企业及工作室近百家，涉及各个工业门类，大中型企业中承担企业自身产品设计的工业设计机构有 200 多个。厦门在国内占据优势地位的客车、工程机械、电子信息、服装、节能照明、卫浴、运动器材、太阳镜等生产企业，大多设有专门设计机构，服务客户包括华为、中国移动、中国电信、灿坤集团、美国百得集团等国内外大品牌。

以工业设计为着力点的同时，厦门也积极加快人才培养与服务，助力服务型制造发展。比如，加强与有关行业协会、科研单位的合作，通过购买服务的方式，举办服务型制造宣贯培训会议，对企业服务型制造模式进行诊断，理出发展思路和政策建议；以服务型制造专家库为智力支持，形成服务型制造政策咨询、行业诊断、人才培训的智囊团。

2.5 工业文化与先进制造业多维度融合——沈阳

获得荣誉时间

2023 年，工业和信息化部正式公布第四批服务型制造示范城市（工业设计特色类）名单，沈阳作为东北地区唯一代表成功上榜，并名列 5 座入选城市首位。作为我国重要的工业基地和先进装备制造业基地，沈阳工业制造规模庞大，既蕴含着转型升级的迫切需求，也为服务型制造发展提供了基础"土壤"和应用条件。沈阳的服务型制造示范特色鲜明，其中，被称作撬动工业发展"金手指"的工业设计表现亮眼、作用巨大。将工业文化与先进制造业深度融合成为沈阳获评工业设计特色类服务型制造示范城市的主要原因。

城市设计能力评价

沈阳在政策支持、服务扶持等方面下了大力气，并不断鼓励和支持制造企业围绕工业设计服务、全生命周期管理、定制化服务等各个方面开展服务型制造模式创新。沈阳累计为 97 个服务型制造示范单位发放奖励资金 2420 万元，有力地支持了相关企业服务型制造发展。

沈阳地区高校每年设计类毕业生有 1.6 万人，人才规模不断壮大。随着中国装备制造业工业设计论坛、中国创新设计大会沈阳峰会、"工业设计百企义诊"等特色活动的日益常态化，产业发展氛围愈加浓郁。

下一步，沈阳将以国家服务型制造示范城市为新起点，充分发挥传统装备制造业基地的优势，引导企业突破传统制造的束缚，加速向服务领域延伸，推动实现"制造＋服务""产品＋服务"的深度融合；发挥领军企业的拓展能力，加快构建以大带小、大中小企业融通发展的服务型制造产业生态，加快向沈阳现代化都市圈城市输出服务型制造能力，积极建设全国一流的服务型制造标杆城市。

沈阳的制造业转型升级和消费不断升级，促进了企业越来越重视产品的外观设计、用户体验和品牌形象。因此，企业对工业设计人才的需求逐渐增加，这也促进了本地工业设计行业的发展。

第二单元

★★

工业设计赋能区域新兴

· 创业孵化园区
· 创造力园区

探索中国工业设计发展情况需要以企业为单元去思考产业的变化，而中国产业链条建设的有机平台是各种类型的产业园区与设计园区。园区所构筑的产业链经济是赋能区域发展的关键渠道，园区促成产业生态有序、良性运转。其中，研究工业设计类园区既是历史演进的要求，也是时代赋予的机遇。

工业设计园区是以设计为基本理念聚集起来的产业形态，工业设计是设计类园区的理念精髓。设计园区规划与国家、城市发展战略目标以及地域文化相呼应，成为各级地方政府和经济管理部门合理规划工业布局，提升本地区科技、文化和城市内涵的重要举措。作为城市工业园区的主体形式之一，设计创新园区显示出了带动城市活力的积极作用，并不断发挥着城市文化传承与输出的纽带效用。其一，与传统的工业设计园区和高技术产业园区强调技术和管理的创新行为有所区别，设计创新园区强调文化创意，园区内包括设计企业、文化机构、艺术场所、媒体中心和不同类型艺术家的工作室。它既是工作的地方，又是生活的地方；既是文化生产的地方，又是文化消费的地方。其二，对比企业创新与人才培养方面，工业园区首先是企业聚集，然后企业吸引人才；而设计创新园区是创意人才的聚集，然后吸引创意企业入驻。其三，园区选址所考虑的地理因素存在差异。工业园区考虑产品与原材料的成本、运输便捷等因素，多会选择在交通运输便利、劳动力价格相对低廉的城郊区域建立。文化创意是设计创意园区的主要内容，历史文化底蕴是形成多数设计创新园区的首要条件，因此，便利的基础设施和深厚的历史底蕴，以及创意人才聚集使得设计创新园区多建在历史文化底蕴深厚的城区。

工业设计园区的构建十分丰富，但其中一种类型，对于城市的文化建设十分有利，这就是将城市中具有历史价值和纪念意义的建筑或建筑群予以保护和合理的利用，以此为引力，将城市的文脉和时代的文化，以及文明的发展有机地整合在一起，在实体上获得城市文化生态的物理呈现。

三、创业孵化园区

3.1 产能聚集赋能设计创新创业——广东工业设计城

园区介绍

广东工业设计城于 2009 年开园运营,是以工业设计为主的现代服务业产能集聚区。园区采取"政府推动、省区共建、市场运作"的发展方式,是"国家级工业设计示范基地""国家级科技企业孵化器""广东省版权兴业示范基地"和"广东省服务外包示范园区"。目前,园区已建立起具有市场调研、创新创业、研发测试(研发中心、中试车间)、生产制造、交易、展览、交流、培训、孵化及公共服务等综合功能为一体的服务设计生态,服务范围涵盖智能制造、智慧家居、生命健康和医疗器械等新兴产业(见图 3-1)。

园区的发展机制

广东工业设计城积极搭平台、引人才,优化环境及着力促进工业设计产业转型升级,引导带动周边企业形成共建的发展机制。在人才引进和培产学研平台搭建方面,设计城在"广东工业设计城研究生联合培养基地"基础上建成广东顺德创新设计研究院,开展研究生联合培养和应用型科研项目孵化,为本地高新技术企业提供人才和技术支撑。目前,园区联合广东顺德创新设计研究院、D2C 实训平台等人才服务平台,已与国内外 200 多所高校建立合作关系,累计培养硕博人才 3400 余名,安排设计师实习就业约 2000 名,辐射和服务区域 20000 多名工业设计人才,这里正在逐渐成为全国设计创新人才集聚高地。

依托自身多年积累的创新设计能力、高端人才优势及技术研发力量，广东工业设计城将发挥在提升企业自主创新能力和国际竞争力，改造提升传统产业升级和培育发展新兴产业中的引领作用，深度参与"一带一路"、粤港澳大湾区、广深科技创新走廊等国家级、省级规划，进一步拓展设计企业市场空间，扎实推进共建共治共享，认真落实新时代党的建设总要求，培育"创新·共融"工匠文化，推动园区党建与产业转型共融共进，以新的更大作为助推广东发展。

园区发展特质与机能

第一，空间延展。从工业设计产业园到工业设计产业集聚区。近年来，为推动区域工业设计产业的集聚发展，市、区、镇各级政府部门围绕创建"世界设计之都"目标，高标准编制"工业设计产业发展行动计划"，高起点设立"工业设计产业发展专项资金"，联动建设和完善一系列促进区域工业设计产业发展政策体系，全力支持和助力设计企业做强做优做大，加快工业设计产业载体建设，全面提升本地企业的设计创新能力。如今，广东工业设计城通过形态提升已打造成7万平方米的"国家级工业设计示范基地""全国创业孵化示范基地"和"5G智慧化产业标杆示范园区"。

第二，人才集聚。广东工业设计城规划范围内集聚设计研发人才8600余人，园内设计师获得光华龙腾奖等省级以上奖项10余项。2021年，园区企业库尔兹设计事务所亚洲区总部总经理熊浩获评为"2021福布斯中国最具商业价值智能设计师TOP10"。近年来，设计城立足国家创新驱动发展战略，依托粤港澳大湾区的优质资源，积极搭建工业设计公共服务平台，构建创新人才集聚"强磁场"，强化工业设计高端人才引进与培养。

第三，设计引领。从为制造做"嫁衣"到做产业链的驱动者。多年来，各级政府通过政策扶持、产业引导、资源对接等多措并举，促使更多的设计企业与制造型企业开展深度的项目合作,让园区的企业将设计资源更加深入地连接到家电、家居、珠宝、机械装备、医疗器械等优势产业当中,通过工业设计赋能提升传统产业的附加值,推动制造业的转型升级,助力区域产业向"微笑曲线"两端延伸,以促进区域经济的高质量发展。

截至 2023 年,园区企业目前已获国内外设计大奖 400 余项,孵化原创品牌 50 多个。在粤港澳大湾区产业升级过程中,广东工业设计城成为其重要的创新动力之一。与此同时,园区内越来越多的设计公司以设计驱动创新,开创出一系列行业爆款产品,并逐步形成"服务+产品+品牌+平台+新业态孵化"模式,向"服务链—创新链—产业链—供应链"方向整合。

第四,全球视野。从设计引入到设计国际化交流合作。多年来,在各级政府部门的支持和引导下,广东工业设计城已与美国、德国、瑞典、日本、韩国等国的超过 30 个机构建立战略合作关系、全球创新设计资源共享体系,先后引进落户了"日本喜多俊之设计工作室""英国设计大师迈克尔·杨设计工作室""中韩设计 (顺德) 中心""中法设计产业合作中心""德国库尔兹设计事务所""设计城中德设计服务中心""土耳其比约卡设计公司"等工业设计机构及团队,实现中外设计要素资源双向交流。如今,广东工业设计城园区设计服务,不仅能够满足区域的创新设计需求,还能为全国乃至世界各地的企业提供服务。2022 年 2 月举办的第 32 届世界设计大会在佛山顺德落下帷幕,让佛山顺德这座地处粤港澳大湾区的城市,再次走进全球的聚光灯下。广东工业设计城通过助力佛山顺德成功申报并获选为世界设计组织 (WDO) 第 32 届世界设计大会主办城市, 让佛山顺德成为中国大陆第一个取得该大会主办权的城市。在本次的国际盛会上,顺德职业技术学院设计学院院长姚美康及园区设计企业方块设计公司总经理陈维滔,分别代表"设计学术界"和"设计产业界"作主题演讲,展现中国设计产业、顺德工业设计的发展新模式和新机遇,向世界展现佛山顺德这一工业设计产业高地的城市形象。

第五，城市更新。从乡村振兴到城市升级发展。设计城所在城区，从全国760多个地级市市辖区中脱颖而出，至今已连续10余年稳坐全国高质量发展和综合实力百强区冠军宝座，可见设计新经济的力量。创新基因融合城市的血液，引领城市规划、功能布局以及文化传播，全社会共享设计盛宴。过去十年，设计城持续拓展，把20世纪"工业大道"改造成"创意大道"，传承工匠精神，延续创新之路。过去十年以设计研发为核心成长起来的准IPO不断涌现，设计文化体验项目持续落户，设计新经济同步引领社会的创新：设计城参与中小学的创新教育并衍生出一套独特的工业设计教学体系；设计城参与乡村振兴，为水乡千年文化的挖掘和活化提供"青田范式"；设计城参与文化传播，设计音乐会、设计马拉松、设计慈善月等形式层出不穷，闻名全国的美术馆和工业设计馆不断出现。

图 3-1　广东工业设计城

3.2 创意文化产业汇集设计人才——北京 751 D·PARK

园区介绍

751 D·PARK 北京时尚设计广场（简称"751"）是中国汇聚设计生态的典范园区（见图 3-2）。园区内保存了中华人民共和国成立之初充满工业 2.0 特色的设备、设施和厂区建筑群。751 的前身是北京电子管厂，厂区和厂房均由德方全面设计和建设。由于这个原因，当时的工厂建筑群完全依据现代主义建筑理念和当时最先进的工业企业群的能源辅助系统来规划和建设，设计完整，建筑坚固，形制专业。园区汇集的创意文化企业已形成产业链，持续性为城市文化输出赋能。

当前，园区汇聚了众多国内顶级的设计人才，其国际化的视野、时代的担当和先进的专业建设理念，以及与国家发展战略高度一致的发展意志，赋予 751 独特的设计基因。

园区的发展机制

按照北京市委市政府的战略布局和战略要求，园区留存了具有现代主义工业建筑特质的工业建筑资源，将工业遗存与科技、时尚、艺术、文化紧密结合，在历史与未来的更迭交汇中发展创意设计、产品交易、品牌发布、演艺展示等文化产业内容，推动以服装设计为引领，涵盖多门类跨界设计领域的时尚设计产业。开园之初园区就设立了明确的发展方针，即保护、利用、稳定、发展。发展的原则是整体规划和分步实施。发展的目标是国际化、高端化、时尚化和产业化。发展定位坚持以设计为核心，围绕服务、共享、交流、交易、品牌孵化，致力于打造国际化、高端化、时尚化、产业化的创意产业集聚区。在发展理念上，其高度围绕首都功能定位，以创意设计为核心，依托科技创新、文化创新，推动创新创业。目前，入驻园区的设计师工作室及辅助配套类企业 130 余家，其中服装设计、建筑设计、环境设计、家居设计等企业 70 余家，时尚设计类及相关配套类企业超过 80%，文化科技类企业近 20%。

纵览近十年的 751 发展历程，其中，最值得关注的成功方略有以下几点：第一，善于锁定关键人才，从而形成高端时尚设计资源集聚。第二，善于落地关键企业及品牌，引设计产业龙头企业将其设计中心入驻其中，带动园区设计行业的共同发展，如中国新中式家具品牌荣麟、国家双创基地极地国际创新中心、极客公园、中国服装设计师协会、奥迪亚太研发中心，以及小柯剧场等企业和品牌相继落地园区。第三，善于促进新兴业态在园区内的融合与发展。从 2006 年服装设计工作室的首批入驻，到如今涵盖服装设计、建筑设计、家居设计、音乐设计、汽车设计、视觉设计、影视制作、数字传媒等工作室的入驻，入驻设计师近千人，可谓形成了多元综合的设计集群，呈现出跨界设计的新业态。第四，善于将城市工业建筑遗存与当代文化建设相结合。园区成功地以一个"园地"的形式，将近七十年来的城市记忆和历史画面折叠在一起，锻造出一个惊人的文化魅力场域。不仅如此，园区还紧密联系所在地区的发展要求，将自身的变革与国家发展战略和城市发展战略联系在一起。

园区发展机制可以简述成三个方面：一是依托北京市朝阳区"一廊两带三区"的功能布局，以及北京市望京－酒仙桥科技文化创意产业带的规划，充分发挥其在国际交往和文化交流中的作用，将自身发展与地区发展达到高度一致；二是紧紧围绕北京首都的政治中心、文化中心、国际交往中心、科技创新中心的功能定位，将"时尚之都""设计之都"的建设作为园区建设的连接模块，在发展的内容上高度符合首都功能的要求和定义；三是其依据所属集团的发展战略，以及自身文创内容的发展特质，推动设计创新、科技创新、资源共享的城市新生态。

园区发展目标

第一，锁定设计，让城市具有文化凝聚力。751以时尚设计为主题，涵盖多门类跨界设计领域，是集品牌展示发布、产品交易、产业配套、生活服务功能于一体的创意产区集聚地和时尚互动体验区，以"四化"——"国际化、高端化、时尚化、产业化"为目标的创意产业基地。在国际化、高端化上，751汇集了众多国际化人才和品牌。在时尚化、产业化上，751时尚产业定位以服装服饰作为引领，设计以家居设计和陈列设计以及汽车设计为主业态，辅以其他业态如原创音乐、视觉设计等。这几个领域确定后，751对室内和室外的特型空间进行改造。如今，奔驰、奥迪每年的设计发布会都选择在这里，奥迪的亚太研发中心也已入驻751。

第二，让751成为北京的文化地标。为了让人们一提到751就知道它是北京的时尚设计代表，或者代表了北京时尚设计的最高水平，751正在努力打造品牌效应。如751与《GQ》杂志、奥迪汽车合作举办过一些颁奖盛典，如果这些合作能让751在每年某一个时段、某一个内容领域持续涌现品牌项目活动，就会对751这个品牌有助推的作用。近年来园区逐步打造了751国际设计节、中国国际大学生时装周等品牌活动，还新开设751设计品商店，为设计师及企业提供了交流和交易的平台。在空间上，别的园区仅改造老厂房，而751把生产设备也进行改造和再利用，这是751最有特色的地方。

第三，保护与再生，老工业遗存与现代文化的融合。对于751这么一个庞大的工业遗迹来说，改造过程如果仅是简单的废弃和移除，那将是对工业遗迹的浪费。在751改造的过程中，每个车间、每件设备，都希望被重新赋予新的价值。所以，751开始转型时，对于厂区环境的改造并没有采取拆除重建的方式，而是采取尊重老工业环境文脉，保留工业环境的同时，结合综合文化环境、产业环境等当代需求，完成对原有环境文脉的再设计。这对于城市工业产业而言是业态的转化；对于751厂区而言，是环境文脉的转换；对于具体的设施、建筑物等是生命的延续；对于北京城市而言，是工业生产力退出舞台后的再利用，是城市特色工业文化的再整合，是宝贵的城市公共记忆，是城市价值效能的整体涌现。

第四，老工业遗存的价值再认识。工业企业被不断扩展的城区包围，客观上对城市整体功能的划分形成障碍。同时，由于一些企业为重化工企业，对城市安全和居民生活环境也造成潜在威胁。老工业企业的搬迁、老厂址的改造成为城市发展的必然。越来越多完成工业使命的工业设施退出历史舞台，而退出的方式往往是拆除。工业遗产要真正融入城市建设，应该合理开发保护，保存工业文化的同时，为老工业遗产赋予新的时代意义，让其发挥新的作用。

第五，城市生态综合体。像751这样汇聚设计生态要素，并成为城市中最具魅力的一个文化综合体，其实只是诸多设计类园区的一种。设计在性质上是人文学科，它的本质起点和行为逻辑让它始终闪耀着人文精神的光辉。所以，设计园区在本质上是一个国家、一个地区人文精神的崛起，是一个城市回归其作为一个文明综合体的功能展现。

城市一直是现代社会的主体生态形式。但是，城市的功能和发展维度则不断地在演变和拓展之中。回顾历史，中国城市的发展亦是一个不断改变和重新定位的过程。今天，城市功能更为复杂和富有特色，发展带来的生态问题和生态引发的发展问题都时时刻刻地摆在了人们面前。我们应该如何发展城市，在城市里装填怎样的内容，是今天我们所需要回答的问题。像751这样的设计园区，给出了一类答案，即城市应该是装填文化与文明的综合体。

图 3-2　北京 751 D·PARK

四、创造力园区

4.1 交叉融合型创新人才培养平台——清华 x-lab

园区介绍

清华 x-lab,即清华大学于 2013 年启动的交叉融合型创新人才培育平台。清华 x-lab 以设计思维和设计创新为引领,因地制宜融合教育资源形成赋能企业、社会的设计势能,进而激发社会创新力。其中,"x"寓意探索未知 (unknown) 和学科交叉 (cross),"lab"代表体验式学习 (experiential learning) 和团队工作 (teamwork)。平台致力于引导专业学习与学科融合,产生交叉创新,同时致力于提升学生基于实践的学习能力,在掌握专业知识的基础上,学习设计思维、管理思维、创新创业思维,以及相关的技能和方法,从而建立复合型认知体系。

清华 x-lab 的组织机制

清华 x-lab 开创了"三位一体"的创新培育平台:学生的教育平台、团队的培育平台以及资源聚集和学科交叉的生态平台,通过提供与企业合作的课程与活动,打破单纯传授知识的教育模式,在"行动学习"和"实践教育"方面提升学生创造力。同时,清华 x-lab 是一个公益性的开放平台,持续接收来自清华大学的学生、校友和老师的创意创新创业不同阶段的项目,并为他们提供学习机会、活动机会、培育指导、资源和服务。目前,清华 x-lab 围绕学习、活动、资源和培育四个功能板块搭建平台,从创意、创新和创业三个维度正持续开展一系列相关工作。

清华 x-lab 的学习模式

清华 x-lab 的课程学习分为五个部分,即创新创业相关课程、清华 MBA 课程、全校研究生课程、全校本科生课程和 Facebook 与清华 x-lab 联合推出的课程。清华 x-lab 鼓励清华学子以全球视野着眼未来,通过体验式学习激发思想、点燃火花,帮助学生洞察国内外最新的创新与创业实践,并结合已有的创新创业理论展开小组讨论,最终开展创新创业实践。

4.2 设计创新塑造经济增长新动能
——重庆工业设计产业城

园区介绍

重庆工业设计产业城（见图 4-1）是在重庆市经济和信息化委员会指导下，由重庆市沙坪坝区政府、重庆共享工业投资有限公司、浪尖设计集团有限公司和重庆浪尖渝力科技有限公司联合打造的以工业设计全产业链为核心，支撑成渝地区双城经济圈建设的创新生态体。

重庆工业设计产业城通过设计平台推动城市文化和旅游产业的发展，利用设计创新提升文化景点的吸引力和服务水平。同时重庆工业设计产业城还联动在地企业组织新兴产业链，助力城乡融合发展，促进全面、可持续的乡村振兴。

重庆工业设计产业城由 6 个功能分区构成：A 区承载着国内外优质创新资源体系的聚集；B 区承载着与工业设计上下游相关的企业孵化；C 区承载着工业设计专业的基础研究与应用；D 区承载着工业设计的后端，如精密模具及大批量生产环节；E 区承载着新颜色、新材料、新工艺、新技术的研发与应用；F 区承载着适合未来社会发展所需要的高端设计人才的供给保障。

园区的发展机制

通过企业市场化自主运营，以及政府部门规划指导，重庆工业设计产业城围绕"工业设计、工程设计、时尚设计"三个方面培育设计产业特色优势，其中以发展工业设计为主。随着工业化进程加速推进，工业设计的价值越发凸显，已经成为推动产业创新的驱动力。

多年来，重庆工业设计产业城致力于引进和孵化工业设计企业，助力增强园区内制造企业创新力和竞争力，塑造园区经济增长新动能。伴随重庆成为全球设计之都，重庆工业设计产业城将带动越来越多的企业抢占"设计"这一市场竞争制高点，开创重庆设计行业新局面。

图 4-1　重庆工业设计产业城

第三单元

★ ★ ★

工业设计赋能企业发展

· 国家级工业设计中心（制造企业）
· 国家级工业设计中心（工业设计企业）

在相当长的一段时间内，中国成为世界工厂，实体经济聚焦在中低端制造业，虽然产值庞大，但大部分仍处于"微笑曲线"的中间地带，想实现曲线上升的关键点在于从中国制造迈向中国创造（见图1）。

近年来，互联网、大数据、云计算、人工智能、区块链等数字技术加速创新和应用，正成为重组全球制造业生产要素资源和改变全球供应链布局的关键力量。中国创造的强有力途径是发展工业设计，我国发展工业设计的优势在于应用空间大、适用场景多、创新应用强等。工业设计既是制造业价值链中最具增值潜力的环节之一，也是创意产业的重要组成部分。在全球现代经济体系中，工业设计产业的巨大价值深刻地影响着经济、社会、文化的发展，是一个企业、一个城市，甚至一个国家实现产业升级和自主创新的重要手段。

目前，全球已有20多个国家将推进工业设计产业化发展纳入国家战略，视其为占据国际制造分工链条上游高附加值区域、提升国家软实力的重要手段。如何寻找中国特色的工业设计发展方向，以此激活中国智造与中国创造，这其中既涵盖循着先行者脚步的过河之举，也有中国企业树起未来灯塔的先发优势。

本部分内容既站在企业对国家发展战略的价值和中国自主创新贡献度的角度去考虑；也关注企业的设计战略布局和设计研发中心的建设情况。从宏观企业到微观产品，可以多维度地客观呈现中国企业的产品设计研发实力、设计创新梯度推进能力、设计研究系统化管理程度、工业制造平台建设情况，最终将企业发展战略与国民经济、文化发展进行深刻绑定。

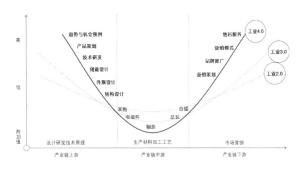

图1 "微笑曲线"

五、国家级工业设计中心（制造企业）

5.1 数字化与信息化引领通信科技行业
华为技术有限公司

企业综述

华为技术有限公司（简称"华为"）与通信科技行业形成竞争差异的要点在于在企业数字化与信息化发展进程中，将设计作为产品外显性的品质体现。同时，企业设计创新力提升的关键在于产品的内核技术与用户体验，华为作为全球领先的 ICT（信息与通信技术）基础设施和智能终端提供商，在通信设备领域有着强大的优势，逐渐形成的自主创新设计中心让多产品线的产品设计与用户分层细致对接，将内核技术与生产加工工艺在产品的内部运行系统、外部 CMF 系统中加以体现，实现企业在整个行业的设计号召力。

华为成立于 1987 年，是全球领先的信息与通信技术解决方案供应商。华为凭借过硬的科技实力和设计实力，成为全球通信行业的领军企业，即便面临"断供风暴"，华为依然迎难而上，加大研发投入，力求在关键技术领域实现自主创新。经过不懈努力，华为在 5G 技术、芯片研发等方面取得了显著成果，为全球通信行业的发展做出了重要贡献。

总结华为企业的发展特征有以下几个方面：第一，注重科技创新和互联网思维。在这个互联网高速发展的时代，华为深知科技创新的重要性，不断加大研发投入和设计投入，形成了以客户需求为导向的创新体系。同时，华为积极拥抱互联网思维，运用大数据、云计算等技术，提升企业运营效率，降低成本。第二，5G 领跑，弯道超车。在 5G 领域，华为凭借卓越的技术实力，在全球范围内签订了众多 5G 商业合同，助力各国加快 5G 网络建设。第三，生态布局，协同发展。华为通过与各领域的合作伙伴建立紧密的协同关系，共同研发创新技术，打造了一个共生共赢的产业生态。在操作系统领域，华为推出了自主研发的鸿蒙系统，为全球用户提供更加智能、高效、安全的体验。在芯片领域，华为海思不断突破技术壁垒，助力我国芯片产业迈向新高度。第四，品牌升级，文化输出。华为通过线上线下的多元化传播渠道，将自身的品牌故事传递给全球消费者，展示了中国科技企业的独特魅力。综上所述，华为的成功经验为我国其他科技企业树立了榜样，激励他们在面对外部压力时坚定信心、迎难而上，为国家的科技创新和发展贡献力量。

华为智能手机 Mate 60 Pro

Mate 60 Pro（见图 5-1）是华为于 2023 年 8 月推出的一款智能手机，其设计特征包括：第一，注重美学设计，追求简约、流畅的外观风格；第二，产品线从高端到入门级别都有精心设计的外观，采用金属、玻璃等高质感材料；第三，注重细节处理和工艺提升，给用户带来高品质的视觉和触感体验。

从产品设计的角度分析，该产品的创新思路是从用户出发，以用户需求为导向，通过深度了解用户的需求和心理，设计出更符合用户需求的产品和服务。华为不断尝试将不同领域的思想和技术融合在一起创造出更加有创意和想象力的设计成果。同时，华为作为中国的领军企业，设计中本土文化元素的融入使其设计更具有本土特色和文化底蕴。

图 5-1 华为 Mate 60 Pro

华为智能汽车 问界 M7

2023 年 9 月，华为在新品发布会上带来了这款由华为和赛力斯联合打造的智能汽车——全新问界 M7（见图 5-2）。M7 在 M5 的设计语言基础上，引入了全新的家族化设计语言，以美学融合人文与科技的设计理念为出发点，开启问界系列的"智慧美学"设计时代。首先，在外观设计方面，M7 沿袭了现款车型的设计，主打的是"科技风"，升级了车身结构，采用全新的高强度钢和复合车身材料来提升安全性。其次，在尺寸方面，M7 的定位为中大型 SUV。其三，在动力方面，采用了 HUAWEI Drive ONE 增程电驱平台，增程器是一台 1.5T 四缸发动机，并提供后驱版和四驱版车型。其四，在内饰设计方面（见图 5-3），主要对功能进行了升级，把原先的物理按键取消，功能主要集成在 10.25 英寸液晶仪表盘和 15.6 英寸中控屏幕上。华为汽车遵循"极致、简约、纯净"的美学原则，将任何琐碎无用的细节都置身之外，在纯净之中勾勒出极简之美。其设计理念是内外合一、以人为本、体验为先。

图 5-2　华为问界 M7

图 5-3　问界 M7 内饰

创新实践分析

华为的创业史也可以说是中国通信产业和技术进步的历史,华为向全世界证明中国制造已经逐步迈入中国创造,中国的企业有能力在各行业做到技术领先和质量可靠。对于华为典型产品的分析,注重从宏观设计战略视野关注企业各产品线之间的系统性布局、用户生态矩阵、企业品牌与产品的 PI(产品形象识别系统)战略建设路径。例如,Mate 60 Pro 的系统工业平台融合了科学、设计与技术,在产品中呈现出工业设计、先进科学技术和企业研发三者间的高效融合。因此,对于企业而言,Mate 60 Pro 产品上呈现出来的是企业未来设计创新与技术研发的战略布局。华为的技术突破实现了自主创新架构、系统性技术与科学布局,以及智能移动端生活方式之间的有机生态融合。在中国智造的历史进程中,华为抓住了智能时代个人移动端发展的重要机遇,实现了整个系统架构与国家战略布局的深层次绑定。

5.2 从"和谐号"到"复兴号"践行"中国方案"
中车青岛四方机车车辆股份有限公司

企业综述

中车青岛四方机车车辆股份有限公司(简称"中车四方"),以空气动力学和技术驱动形成的中国高铁外观形象,已经成为体现中国速度和中国产品品质和高颜值设计力的典范工程。中车四方积极参与和引领高速动车组关键技术自主创新,自主核心技术已达到国内领先、国际先进水平,成为中国轨道车辆行业高端产业链的重要组成部分。从"和谐号"到"复兴号",从京张高铁到京雄高铁,中车四方多项核心系统和关键产品装备高铁列车,为中国高铁事业做出了积极贡献。在智能制造领域,中车四方确立并实现了以关键制造环节智能化为核心、以生产车间为主要实施载体,通过智能设计、智能经营、智能装备、智能物流与仓储、制造执行系统的集成应用,打造智能工厂的总目标。

中车四方是中国中车股份有限公司的核心企业,同时,也是中国高速列车产业化基地、高档铁路客车主导设计制造企业、城市轨道交通车辆制造商和国家轨道交通装备产品重要出口基地。中车四方具有轨道交通装备自主开发、规模制造、优质服务的完整体系。中车四方是国家高新技术企业,拥有国家高速动车组总成工程技术研究中心、高速列车系统集成国家工程实验室、国家级技术中心、国家级工业设计中心、国家高速列车产业计量测试中心和博士后科研工作站等研发试验机构,也在德国、英国和泰国建立了海外研发中心。中车四方拥有的行业一流的仿真分析平台、试验验证平台,门类齐全的高水平研发团队,产学研用开放式技术创新体系,形成了企业强大的技术创新能力。此外,中车四方占地 177 万平方米,装备精良、工艺先进,达到世界一流的专业化、规模化水准,形成了高速动车组、城际动车组、地铁车辆、现代有轨电车、单轨车辆、高档铁路客车、内燃动车组和高速磁浮 8 大产品平台,制造水平位居世界前列。中车四方轨道交通装备产品在满足国内市场需求的同时，已出口世界 20 多个国家和地区。

CRH380 系列高铁

　　CRH（中国铁路高速列车）380 是一系列型号为"和谐号"（见图 5-4、图 5-5）的高速电力动车组列车，在设计上的重要考量因素是安全性和可靠性。它是中国高速动车组的一项里程碑，采用了智能化技术，如列车控制系统、智能监控与维护系统等，实现列车运行数据的实时监测、分析和预测，提高了列车运行的安全性和效率。整体上，CRH380 动车组具有以下设计和技术特点：

　　第一，低阻力流线列车头型设计研发。中车四方共设计了 20 种列车新头型方案，经过气动阻力、气动升力、侧向力、隧道效应等空气动力学仿真计算，并通过三维流场数值仿真分析和多目标优化，进行了 17 项、75 次仿真计算，确定了 5 种备选头型。继而又对备选方案制作 1:8 模型，分别进行了 19 个角度、8 种风速的风洞气动力学试验和 3 种风速、4 种编组的风洞噪声试验，对择优选出的方案进行了样车试制，完成了 22 项试验验证。经大量比对、计算、试验之后，最终确定了新一代高速列车的头型方案。

　　第二，振动模态系统匹配。优化了转向架设计参数并改善了车厢内部结构，以配合动车组车体的自然振动频率，有效地抑制了列车在高速运行时的车体结构性共振，同时提高了乘坐舒适度。

　　第三，高强度气密性。由于列车运行时速提高到 380 千米/小时，为满足两列动车同时双向通过隧道的气密性需要，车厢采用了差压控制模式的全密封加压。

　　第四，高速转向架。CRH380 动车组使用新的转向架增加了抗侧滚扭杆，并带两组抗蛇行减振器，加强了二系悬挂空气弹簧柔度，提高了转向架的稳定性和减振效果，满足转向架临界失稳速度达 550 千米/小时的指标要求。

图 5-4 中国高铁

图 5-5 CRH380 高铁(局部)

第五，噪声控制技术。CRH380动车组采用各种新型噪声吸收和阻隔技术材料，CRH380A型动车组在时速350千米的情况下车厢内噪声保持67～69dB，与CRH2A型动车组以250千米/小时的速度运行时的情况相当。而低阻力新头型的使用亦减少超过15%的气动噪声。

第六，车辆减重技术。CRH380动车组车身采用了轻量化材料如铝合金、复合材料等，既确保了列车的结构强度和安全性，又降低了整体重量，减少了能源消耗和对环境的影响。

综上所述，CRH380动车组在设计上充分体现了现代科技应用与人文关怀的结合，不仅注重外观和舒适性，还强调了技术创新和安全性，为国内外乘客提供了高品质的出行体验。

创新实践分析

对于中国高铁车型设计的评价，要从整个铁路系统高速运行和不断优化升级对国家发展战略的重大意义上去思考。早在2015年，北京国际设计周开幕式暨颁奖典礼上"中国高铁"作为中国装备制造业杰出代表，获得"经典设计奖"。之后，不同系列的中国高铁在国内、国际知名设计竞赛中屡获重要奖项，这不仅在国际市场树立起引领高速列车技术发展方向、具有世界一流品质的中国高铁品牌，更充分展现出中国高铁的研发、设计和创新实力。近些年，许多高铁的车辆外观造型结合了中国形象语义，寄托了设计者对国家繁荣富强、人民幸福安康的美好祝愿。具有中国特色的高铁设计，不仅增加了车体的辨识度，更形成了中国式的设计审美风格。同时，随着中国高铁产品与技术的对外输出，进一步展示了我国工业设计领域的实力与品质。

5.3 "软硬兼备"自主研发赋能品牌出海战略
深圳市大疆创新科技有限公司

企业综述

深圳市大疆创新科技有限公司（简称"大疆"）的企业创新方略是依靠自主产品技术研发和产品设计软实力输出。"软硬兼施"的企业战略为产品设计推向国际平台带来差异化的卖点。大疆无人机的核心技术都是自主独立研发的，生产的每一个零部件都是在中国生产的，不用担心技术封锁等问题。设计上大疆非常注重外在的产品整体造型设计，同时在防呆设计上大疆也无疑做到了友好，无论是装备的安装还是喷漆颜色的搭配，都让新手玩家可以快速入手且避免安装错误带来的损失。

大疆自成立以来，产品从无人机系统拓展至多元化产品体系，在无人机、手持影像系统等领域成为全球领先的品牌,企业工业设计中心以一流产品丰富了"中国智造"的内涵。大疆作为智能设计时代的引领者，秉承"以人为先，以科技为驱动"的企业理念，携手广大合作伙伴为社会提供创新的产品与解决方案。大疆的产品涉及影视传媒、能源巡检、遥感测绘、农业服务和基建工程等多个领域，为各行各业提供了高效、安全、智能的工具，助力了行业发展，让更先进的生产生活方式惠及更多人。同时，大疆致力于成为公共安全和应急救援中不可或缺的中坚力量，在地震、火灾、爆炸等场景中提供强有力的支持。

Mavic 3 Pro 无人机

大疆 Mavic 3 Pro（见图 5-6）是大疆在 2023 年 4 月发布的专业级无人机，具有如下特点：一是外观设计简洁、现代，符合空气动力学原理，以提高飞行效率和稳定性为目标；二是外壳材料通常采用轻量化的工程塑料或碳纤维，既保证了强度，又降低了整体重量，有利于飞行性能的提升；三是注重功能性和操作性的优化，配备了多种传感器和摄像设备，支持高清图像传输、GPS 定位、自动避障等先进功能，且用户界面设计直观简单，使得即使是初学者也能快速上手操作；四是支持智能飞行模式，如自动起降、智能返航、航点飞行等，大大提升了操作便捷性和安全性。

图 5-6 大疆 Mavic 3 Pro 无人机

Mini 4 Pro 无人机

大疆 Mini 4 Pro（见图 5-7）是大疆于 2023 年 9 月 25 日所发行的专业型无人机。与其他大疆无人机相比，其机身采用了轻量化设计，并采用了折叠收纳的形式，折叠完成后可节约空间。设计风格上，大疆 Mini 4 Pro 具有模块化结构，可以根据不同的任务需求更换和升级各种传感器、摄像头、载荷设备等。这种设计理念使得无人机可以适应多样化的应用场景，例如航拍、测绘、安全监控等。其设计风格和设计理念兼具美观性、功能性、可靠性和智能化，旨在为专业用户提供高质量的工具和技术支持，满足复杂任务的需求。大疆 Mini 4 Pro 为小型无人机的探索提供了新的发展思路和前进方向，更为其他无人机企业树立了标杆，推动了无人机技术在各个领域的应用和发展，展现了不一样的中国智造。

创新实践分析

大疆的产业链建设打破了区域限制，形成了全国乃至全球范围的链条网络，实现了品牌的跨地域、跨国界和跨文化输出。整体上大疆的创新实践有以下几点：首先，大疆的研发团队在设计中注重用户体验，其无人机可以自动完成全景拍摄、分镜转移、画面锁定等专业功能，不但节约了用户的学习成本，还兼顾了用户的延展性需求。其次，大疆对于无人机领域的贡献还在于拉近了产品与用户之间的"距离"，过往的无人机或者专业拍摄设备存在较大的操作难度。大疆产品无疑显得更加"亲民与体贴"。其三，在工业设计上大疆注意产品整体形象设计，外形给用户传递极度友好的示能性，无论是装备模块预设还是产品 CMF 设置，均代表了中国设计的高标准和高质量。其四，无论是无人机产品还是云台产品，大疆都在努力发展轻巧、便携式产品。2016 年，大疆就发布了首款折叠式的无人机"御"，运用巧妙的折叠臂设计，可以把无人机收纳到口袋里面。最为关键的是，大疆集团的关键核心技术都是自主独立研发的，每一个产品零部件都是中国制造，从中也彰显了中国企业的实力。

图 5-7 大疆 Mini 4 Pro 无人机的工作状态

5.4 以"生态链"辐射智能产品系统工程
小米科技有限责任公司

企业综述

小米科技有限责任公司（简称"小米"）产品设计生态链条建设的核心是系列化、模式化的 PI 设计管理，最后形成可复制的、具有衍生能力与迭代能力的产品线。同时，小米的设计与用户需求深刻绑定，通过互联网实现即时的消费者需求反馈。小米以生态链的形式延伸业务，旨在拓展更多的产品线，从而能为消费者提供更广泛的选择。小米也与其他公司紧密合作，组成小米实验室，在技术研发上不断创新。

2021 年，小米科技有限责任公司获得了工业和信息化部"国家级工业设计中心"认定。小米应用互联网模式开发产品，致力于让每个用户享用来自中国优质科技的产品。小米以"和用户交朋友，做用户心中最酷的公司"作为公司发展愿景，致力于持续创新，不断追求极致的产品服务体验和公司运营效率，努力践行"始终坚持做感动人心、价格厚道的好产品，让全球每个人都能享受科技带来的美好生活"的公司使命。

小米生态链系统

小米生态链系统（见图 5-8）是指小米生态系统内各个企业和品牌的集合体，通过合作创新和共享资源，共同发展和壮大。自 2010 年小米成立以来，通过与不同领域的合作伙伴共同努力，小米生态链不断拓展，涵盖了手机、电视、智能家居、智能穿戴等多个领域。这种全方位的生态链布局，使小米能够为用户提供更完整、更智能的科技产品和服务体系。

小米生态链系统非常注重价值共创。小米生态链的价值共创概念是指在小米生态系统中，通过不同企业间的合作创新，实现利益的平衡和共同价值的创造。这种共创的模式既符合市场化的竞争规则，又注重合作与协同，实现了资源的共享和互补，为生态系统的发展带来了巨大的动力。在生态系统中，不同企业可以通过合作进行研发、生产、销售等多个环节的创新，共同开拓市场，提高产品和服务的质量和竞争力。这种合作创新的模式使得小米生态链迅速发展，为用户提供更多样化、专业化的产品和服务。小米生态链价值共创的意义不仅在于推动小米生态链的发展和成长，更在于促进整个产业的发展和进步。通过价值共创，小米生态链能够吸引更多的企业和创新者参与进来，形成完善的生态系统，推动整个科技产业的创新和升级。

小米生态链价值共创机制的实践模式主要包括合作伙伴的选择与培育、资源共享与整合、创新合作和市场拓展等方面。通过这些实践，小米生态链成功构建了一个强大的利益共享和合作创新的生态系统。首先，小米生态链通过选择优质的合作伙伴来共同构建生态系统。其次，小米生态链通过资源共享与整合，实现了协同创新和共同发展。小米生态链中的企业可以通过共享资源，共同研发新产品，优化生产流程，提高产品质量，并共同拓展市场。这种资源共享的模式能够充分发挥各个企业的专业优势，实现资源的互补和优势的整合，提高整个生态系统的竞争力和效率。合作伙伴可以通过共同研发、技术交流和市场合作等方式，实现产品的创新和升级，提高产品的竞争力和用户体验。

例如，在智能家居领域，小米与众多企业建立合作伙伴关系，共同推出了智能家居设备和解决方案，帮助用户实现更加便捷和智能的家居生活。以小米生态链中的小米电视为例（见图5-9），它与小米手机、小米智能家居设备等产品实现了互联互通，通过共享资源和技术，实现了更好的用户体验和产品功能的升级。小米电视凭借着高品质的屏幕、智能操控系统和丰富的内容资源，赢得了广大消费者的喜爱和认可，成为市场上的明星产品。

图 5-8 小米生态链系统

图 5-9 小米电视

创新实践分析

小米生态链的发展不仅是为了打造多元的产品和服务，更重要的是为了实现资源的共享和合作创新。在小米生态链中，不同企业和品牌可以共享供应链、研发资源和市场渠道，通过合作创新实现共赢。这种合作创新的模式不仅为企业带来了巨大的经济效益，同时也促进了整个中国家居领域生态系统的健康发展。通过合作伙伴的选择与培育、资源共享与整合、创新合作和市场拓展等实践，小米生态链构建了一个强大的生态系统，实现了利益的平衡和共同价值的创造。综述小米生态链的行业贡献和社会价值可以包括以下几个方面。

首先，通过联合国内优质的合作伙伴，小米生态链不断拓展产品线和市场份额，实现合作企业共同的业务能力提升和利润增长。其次，通过资源共享与整合，小米生态链提高了产品的质量和竞争力，为用户带来了更好的产品和服务。其三，通过自主研发和合作创新，小米生态链的产品不断创新和升级，以满足用户的需求和期望。其四，从工业设计的角度分析，小米产品设计的研发团队要夯实设计理论基础，不断拓展用户认知科学与产品 PI 战略之间的逻辑关系，建立健全具有时代特征、中国特色的产品家族形象。此外，科技产业的竞争越发激烈，面对国际知名品牌向国内市场的文化输出与产品线布局，小米生态链价值共创机制将继续面临新的挑战和机遇，小米需要融合中国社会发展和国家设计战略布局不断地探索和完善，持续增加企业的综合实力和国际竞争力。

5.5 高品质智能家电引领质价比时代
海尔集团公司

企业综述

海尔集团公司（简称"海尔"），成立于 1984 年，致力于推动中国家电产品从性价比转向质价比竞争，是全球领先的美好生活和数字化转型解决方案服务商。海尔创新设计中心成立于 20 世纪 80 年代，是中国首个企业工业设计中心，也是首批国家级工业设计中心。海尔文化以观念创新为先导、以战略创新为方向、以组织创新为保障、以技术创新为手段、以市场创新为目标，伴随着海尔从无到有、从小到大、从大到强、从中国走向世界。在持续创业创新过程中，海尔始终坚持"人的价值最大化"为发展主线。海尔作为实体经济的代表，持续聚焦实业，布局智慧住居和产业互联网两大主赛道，建设高端品牌、场景品牌与生态品牌，以科技创新为全球用户定制智慧生活，助推企业实现数字化转型，助力经济社会高质量发展、可持续发展。

卡萨帝高端家电生态系统

卡萨帝是海尔旗下的高端家电品牌，在"汲取精致生活的灵感，缔造永恒的艺术品质"的核心品牌设计语言下，卡萨帝秉持"为完美，永不妥协"的精神，让每一件产品都诠释出家电生活艺术化的趋势，为全球用户打造专属的高端生活方式。自品牌创立以来，卡萨帝坚持以"科技、精致、艺术"为主导理念来打造艺术家电，以用户的高端生活体验为核心，提供全方位的生活服务。在输出高端家电产品的同时，也向用户输出精致的生活方式。2018 年，卡萨帝迭代高端制造、服务标准，将高端家电制造与高端生活服务理念结合起来，打造了行业第一个匠心生态品牌，提出了以用户为核心的家居生态系统。

在设计风格上，海尔卡萨帝追求现代简约与精湛工艺的结合。外观设计简洁大方，线条流畅，采用高质量的材料，既增强了产品的视觉美感，又提升了产品的整体品质感和耐用性。从高端电器的制造，到高端成套智慧生态的推出，卡萨帝在品牌与产品两个方向不断地创新迭代。由此可见，卡萨帝不再是一个单纯的高端家电行业生产者和领导者，而是成为一种高端生活方式的倡导者和创新者，并以此为基础，形成了全流程、一体化服务，为高端用户打造了多元化、细致化的高端服务解决方案，引领着高端家电行业服务升级。

创新实践分析

第一，海尔品牌注重用户层级的全领域覆盖，例如，卡萨帝品牌作为旗下高端系列，注重从家居系统中打造品牌生态，从产品定位上拉开与其他子品牌战略上的层次性。以海尔为例的众多中国品牌开始着手通过主品牌和子品牌拉开品牌的差异，而工业设计作为企业 PI 设计战略的核心力量，可以帮助品牌丰富设计层次，细分消费人群的需求，推动产品的品类和品种向多元化趋势发展。第二，海尔关注自主原创设计能力的不断凝聚。海尔创新设计中心的 500 多名设计师要为海尔智家旗下七大品牌全球的所有产品提供设计创新和模式探索，包括产品设计、交互设计、新材料和新工艺设计等。伴随着海尔智家的发展，海尔创新设计中心经历了从无品牌到有品牌、从功能优化到功能创新、从以新产品为中心到以用户为中心、从硬件设计到体验设计、从网器产品创新到生态产品创新。在数字化、智能化的今天，设计还需要更进一步，海尔创新设计中心也将 AIGC 应用到工业设计领域，开启了新的探索。第三，海尔企业与国家"一带一路"建设密切对接，相较于传统的海外布局模式，海尔的海外布局更强调本土化研发、本土化制造和本土化营销的"三位一体"以及"自主创牌"的模式。

5.6 突显企业"集体主张"的小家电产业链
美的集团股份有限公司

企业综述

美的集团股份有限公司（简称"美的"）是一家集消费电器、暖通空调、机器人与自动化系统、智能供应链、芯片产业、电梯产业等的科技集团。美的以主题化、系列化的设计形成各产品线风格之间的差异和连续性，以产品反映企业对设计突破的"集体主张"，多产品线打造企业 PI 设计战略。美的设计团队深入研究用户的生活习惯和使用习惯，通过了解用户的需求，将产品的功能和设计进行合理的搭配和安排。其次，美的的设计风格注重简约。美的的产品设计以简约、流线型为主，追求简洁而不失时尚的外观。例如，美的厨电产品均采用简约的设计风格，彩色的机身搭配一致性的 PI 基因，突显品牌的整体设计观（见图 5-10）。

美的中央研究院建设

2014 年，美的集团成立中央研究院，标志着美的科技创新的新篇章。美的中央研究院将事业发展与设计研究统筹在一起，并将设计研究和设计创新放在同一个维度推进。美的注重对企业设计研究能力和产品 PI 的系统化管理，通过集团的方式来推动产品设计创新，并进行深度的设计研究和创新能力优化，最终让企业形成有机的设计创新生态系统。中央研究院的技术研发分为四个层级，即产品开发、技术研发、共性技术和材料创新应用、全球性的前沿技术探索。中央研究院通过整合研发资源，加速技术研究，实现了本土化开发，逐步建立了研发规模优势。同时，中央研究院通过加强对外合作，深化战略项目研究，整合全球优势技术资源，实现了全球融智的开放式创新。

美的中央研究院已经发展成为行业一流的研究机构，逐步构建了"4+2"全球研发网络。作为人才培育和人才发展的平台，中央研究院培养了一批优秀的研发人才，形成了极具特色的多元包容、开明开放、低调务实的组织文化。

创新实践分析

美的非常关注企业的设计研究能力,一直以来秉持以用户为核心的理念。在美的 50 余年的企业发展中,通过开设美的中央研究院,产品获得了非常好的用户口碑并形成大量用户积累。研究发现,能够被如此多的消费者信赖是因为美的一直没有停止对人与产品关系的思考,将人与家居深度融合一直以来都是其品牌的不懈追求。美的致力于通过艺术与技术的碰撞,打造集轻柔几何、自然原生以及灵动交互于一体的智能家电产品,传递美的品牌"人居设计"的核心理念。在造型上,美的追求平直一体的轮廓外形,以促进家电与家居的完美融合。同时,在用户接触较多的部位上,比如产品拉手及旋钮,美的通过设计适度的圆角和微弧的曲面,实现方中带柔同时精巧易用的效果。2023 年,美的全新发布全屋智能家电三大产品 DNA——人感科技、人因智能、人居设计。面向未来,美的将持续探索家电进化的新可能、新方向,不断提升用户的体验和幸福感。

图 5-10 美的厨电产品

5.7 融入"一带一路"建设的重装品牌输出方略
三一集团有限公司

企业综述

三一集团有限公司（简称"三一"），旗下有三一重工、三一重装、三一重机等公司。三一的世界产品输出与中国"一带一路"建设紧密关联，系列重装产品逐步突破 VI 管理向 PI 设计战略发力，实现技术驱动型产品向设计引领型产品的维度跃升，提升了产品的国际形象与竞争附加值。三一将总体产业布局与"一带一路"建设相融合，加大国际产能合作及各大中型项目参与建设等，使其产品在北美洲、欧洲、亚洲、非洲、拉丁美洲等五大洲 40 多个国家工程机械市场赢得了不错的反响。

2021 年，三一正式成为第五批国家级工业设计中心的一员。三一的工业设计水平体现了创新、人性化、环保与节能的特点，并且具备全球化的市场适应能力。通过不断提升设计水平和技术含量，三一在工程机械领域保持了竞争优势，并持续为客户和市场提供更加可靠、高效的产品解决方案。

SY55U 挖掘机

SY55U 挖掘机的设计特征是：小、能、快、省。其中，小：体积小巧精致，机动灵活，可以轻松穿行狭窄沟渠、市政巷道；能：虽小巧却精悍，堪称施工"多面能手"，可配装 40 余种不同的属具，轻松应对挖、抓、卸、钻、割、破碎等各种工况；快：价格相对便宜，投资比较小，1 年左右即可回收成本；省：一台微型挖掘机大约顶 10 ~ 20 个劳动力，省人工。

SY55U 在工业设计上注重创新，不断引入先进的设计理念和技术，在产品设计过程中，充分考虑用户需求和使用环境，通过先进的工艺技术和材料科学，提高产品的性能、耐用性和可靠性。例如，采用先进的CAD/CAM技术进行设计与仿真分析，确保产品在各种工作条件下表现优异。

创新实践分析

　　三一作为中国重工业产品领域中的知名企业，其产品体现了中国工业设计的发展实力。为了抓住新时代、新技术带来的机会，三一实施全球化、低碳化和数智化转型战略。其中全球化排在首位，紧急又重要。金砖国家作为新兴市场国家和发展中国家的代表，正在经历经济的快速发展阶段，这是三一发展不容错过的历史机遇。因此，三一不仅要将视野聚焦在产品设计与研发层面，而且要关注全球战略中如何实现全系品牌的对外输出，以及通过品牌树立中国制造和中国创造的全球形象，进而通过产业引领时代方向，通过工业设计进行产业系统性升级。

5.8 以服务体验增加用户品牌黏性与价值认同
上海蔚来汽车有限公司

企业综述

上海蔚来汽车有限公司（简称"蔚来"）是一家全球化的智能电动汽车公司，2023年被认定为国家级工业设计中心。蔚来汽车的设计理念从单纯的产品外观设计，延展至企业软实力与社交能力的提升。蔚来关注用户体验与用户生态系统的建立，以汽车为媒介形成线上、线下同步的汽车活动群组，用户在参与活动的过程中，加深了对企业、品牌理念和价值的认同。蔚来产品的风格以克制、内敛和高级为特点，其内饰设计风格则属于极简北欧风，备受艺术和设计从业者的认可。在设计中，蔚来的每个细节都力求传达出精湛的品质和独特的风格，从整车外观到标志性的心跳尾灯，都展现了蔚来在审美上的高水准。

在工业设计水准和创新设计理念上，蔚来致力于将最新的科技与智能化应用于汽车设计中，如ES8、ES6和EC6都采用了智能驾驶辅助系统，包括自动驾驶功能和人工智能语音助手等，提升了用户的驾驶体验和安全性。在外观设计上蔚来注重独特性和未来感，其车型设计风格大胆前卫，线条流畅，具有极强的辨识度，大量的LED照明和动感的车身造型，营造出现代感和科技感。蔚来还注重科技创新、外观独特、内饰豪华、环保可持续和智能互联等方面的平衡发展，不断推动汽车设计与技术的融合，为用户带来更加先进、安全和便捷的新能源汽车产品。图5-11所示为蔚来总部。

图 5-11 蔚来总部

蔚来 EC6 汽车

蔚来 EC6（见图 5-12）为中型纯电 SUV。正面来看，EC6 采用了最新的家族式设计风格，前脸采用全封闭式格栅，中央镶嵌了蔚来品牌 Logo，两侧搭载了 NIO 首款分体结构 Double Dash 日间行车灯，远近光依旧位于下方，下方还配备了梯形进气口，整体拥有不错的辨识度。从侧面来看，EC6 造型非常修长，车顶采用了溜背式的设计，可以非常清晰地看出这是一款溜背 SUV，门把手也采用了隐藏式布局，并配备了大尺寸低风阻轮毂和橙色刹车卡钳，可凸显新车的运动感。车尾设计上，EC6 的整体设计非常有层次感，后备厢中央的牌照框区域和整个尾部设计较为吸睛，超宽的"鹰尾"设计，采用两段式开启设计，风阻优化最高达 10%，同时还可以在高速行驶时提供更大的下压力。内饰设计上，EC6 采用环抱式内饰设计，延续了蔚来"第二起居室"的理念，打造有温度的内饰氛围，并提供 4 种内饰颜色，其中丹霞红、晨湖蓝、薄藤紫为专属内饰主题。

图 5-12　蔚来 EC6 汽车

蔚来充电系统与用户生态建设

蔚来 V2G 充电桩是一种创新的电动汽车充电设备，是蔚来最新款的充电系统，它可以实现电能的反向传输，从而为电网提供一定的调节能力。未来，V2G 充电桩将会得到更广泛的应用和发展，例如在智能电网、智能家居、智能交通等领域中发挥重要作用。

在用户生态系统建设方面，和传统车企的底层逻辑不同，蔚来建立品牌和用户心智的方式是建立丰富的线上线下双渠道对话载体，从体验上的交互到品牌的理解，能够快速让用户感同身受，产生共鸣。

创新实践分析

蔚来关注系统化的品牌生态布局，善于从全局架构中思考问题，通过体验店、车友会、便车服务和充电设施搭设，以城市作为宏观载体架构品牌生态。蔚来相较于传统的用户运营模式，无论是品类属性还是消费环境都可以构成差异化竞争优势。蔚来的解决方案是从定位出发，并没有把用户运营定义为直接增长手段，而是注重口碑营销，这是一个更长周期、更具备长远意义的间接增长手段。蔚来作为重服务型车企，核心竞争力是服务至上，培养优质高黏性用户口碑对其至关重要。从宏观布局来看，蔚来不仅是一家汽车制造商，还是一个拥有自己充电网络、云端服务和智能驾驶系统的创新者。蔚来的云端服务和智能驾驶系统可以通过大数据的分析和学习，为用户提供个性化的驾驶体验和服务。这些创新不仅满足了用户的基本需求，还提供了更多的增值服务，蔚来汽车已经成为用户生活的一部分。

5.9 "萌"家电深耕用户心智实现产品创新生命力
小熊电器股份有限公司

企业综述

小熊电器股份有限公司（简称"小熊电器"），创立于 2006 年，是一家集设计、生产和销售的实体企业。凭借在工业设计领域的积淀与优秀工业设计能力，小熊电器获评国家级工业设计中心。小熊电器始终坚持以创新为驱动力，深度洞察年轻用户需求，以前沿的工业设计、个性化的功能体验，给用户带去优质的产品体验和真实可触的生活价值。2022 年，小熊电器启动"年轻人喜欢的小家电"全新品牌战略定位，以有想象力的、有创造力的品牌形象和年轻用户沟通，致力于成为年轻人喜欢的小家电品牌。小熊电器搭建了 3 级研发体系，共有 10 个研发团队，300 多名研发人员，包含用户研究、产品体验、创新设计、工程开发、基础研究等各方面人才，每年开发新品超过 100 款。

小熊电器系列化的产品设计不仅外观亲和、可爱，而且注重对"小"的价值挖掘。小熊电器以"人"为维度，洞察用户在不同场景、不同人生阶段的细分需求作为产品研发的根本灵感。因此，小熊电器产品小而灵巧，小而精致，小而智慧，专注满足用户容易被忽视的"小"需求。为消费者提供小巧好用的产品，让他们的生活变得轻松快乐是小熊电器的品牌使命，这正符合成长于个性化、多元化消费升级时代的年轻人的生活追求。

"萌"家电系列厨房电器

小熊电器以自主"小熊"品牌为核心，运用大数据进行创意小家电研发、设计、生产和销售，是与互联网深度融合的"创意小家电＋互联网"企业。小熊电器主打"创意让生活更美好"，不断进行产品及品类创新，主推精致、创新、智能、健康的酸奶机、加湿器、蒸蛋器等创意小家电（见图 5-13）。

小熊电器持续开发多品类创意小家电，精准把握用户需求，并坚持"萌"家电道路，依靠着"萌"家电定位切入年轻人市场。无论是在产品更新还是营销上小熊电器都坚持着用品牌的特色与年轻人沟通。

图 5-13 小熊"萌"家电系列产品

创新实践分析

小熊电器致力于在小家电领域建立差异化竞争机制，并通过 PI 设计战略实现突围。通过市场调研，小家电的目标用户群体持续年轻化，品牌战略不断发展。自成立以来，小熊电器的品牌战略持续更新升级，2006 年主张"分享健康未来"，2012 年升级为"Inspired Life 妙想生活"，2018 年定位"萌家电"，分别对标 80 后、85 后、90 后消费群体。2022 年再次发布全新的品牌定位，以"年轻人喜欢的小家电"作为未来发展的核心定位，聚焦 Z 世代年轻人，提出创新多元、精致时尚、小巧好用、轻松可及四大产品策略，以及创新驱动、产品精品化、数字化运营、用户直达、全球化市场和组织年轻化六大战略体系。

5.10 自主研发驱动高端装备设计创新突围
沈阳新松机器人自动化股份有限公司

企业综述

沈阳新松机器人自动化股份有限公司（简称"新松"）成立于 2000 年，是一家以机器人技术和智能制造解决方案为核心的高科技公司，也是首批国家级工业设计中心。

新松工业机器人采用模块化设计，能够根据不同需求灵活组合和变化，适应不同生产场景。同时，新松工业机器人还具有多项创新技术，如视觉感知、力觉传感、智能控制等，能够实现更复杂的操作任务。新松工业机器人在各领域的应用非常广泛，包括电子制造、汽车零部件、生物医药、食品加工等。新松工业机器人的高精度操作和灵活多变特点，使其在这些领域中发挥出了巨大的作用，实现了生产自动化，提高了生产效率。

作为国家机器人产业化基地，新松以智能制造为业务主攻方向，为产业升级提供全体系核心支撑，打造了以自主核心技术、核心零部件、核心产品及行业系统解决方案为一体的全产业价值链。新松拥有自主知识产权的工业机器人、移动机器人、特种机器人三大类核心产品，以及焊接自动化、装配自动化、物流自动化三大应用技术方向，同时面向国家主导产业及战略新兴产业，持续孵化汽车工业、电子工业、半导体、新能源、智慧城市、智慧康养等多个具有高度竞争力和良好成长性的优势战略业务，构建了健康科学可持续的产业体系。新松在海外拥有专业的项目工程团队和先进的研发生产基地，能够实现海外项目本地化实施及服务。

DUCO 多可协作机器人

多可协作机器人(DUCO COBOT)是新松的品牌产品(见图 5-14)。广泛应用于汽车、能源、半导体、3C、医药、金属加工等行业。

多可协作机器人在设计上考虑了用户友好性,具备简单直观的编程界面和操作方法,且具有高度灵活性,能适应不同的应用场景和任务。多可协作机器人系列产品通常轻巧、易于移动和部署,能够快速适应生产线的变化和需求。其工业设计特征体现了安全性、灵活性、易操作性和高效能的平衡,这些特征使得它们成为现代工业自动化中的重要工具。

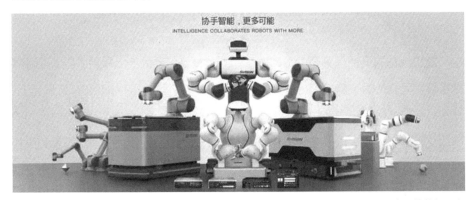

图 5-14 多可协作机器人

创新实践分析

作为以机器人技术和智能制造整体解决方案为核心的高新技术企业,新松高举开放创新之火,以推动全球用户高质量发展为价值导向,不断"破冰"出海,共创卓越,奏响了"立足中国,服务世界"的时代强音。产品力是考验新松综合能力的重要标准之一,新松坚持匠心打磨,构筑精细化的品控管理体系,并在施工的过程中不断地落实,从制造流程、材质选择到产品把控,多角度、全方位地考究每个环节的品质。新松坚持奉行"和而不同"的理念,通过一系列细致入微、关注本地化的经营理念,不仅彰显着中国智造的"速度"与"高度",更生动展现了中国智造的"温度"。

5.11 "划时代"的中国汽车形象探索与实践
理想汽车有限公司

企业综述

理想汽车有限公司(简称"理想汽车")于2015年7月创立,总部位于北京,企业工业设计中心通过产品创新及技术研发,为家庭用户提供安全、便捷的产品和服务。理想汽车的使命是"创造移动的家,创造幸福的家"。理想汽车致力于为家庭造车,通过线上和线下的努力,为用户构建有品质的生活方式社区。

理想汽车的设计理念是优雅与力量的完美融合,系列产品采用中国新能源汽车极具差异化的设计特征,流线型不仅体现在车身造型上,还体现在车灯设计上,其车灯构成的线型语义,成为汽车领域从传统能源向新能源过渡的"划时代"符号语义。理想汽车车内的空间宽敞而舒适,每一个细节都体现了对驾驶者和乘客的尊重。理想汽车的设计,让人们在每一次出行中,都能享受到一种尊贵与舒适的体验。它不仅是一款优秀的汽车产品,更是对未来出行方式的大胆探索和前瞻性思考。

2021 款理想 ONE

2021款理想ONE(见图5-15)将增程电动系统、高级辅助驾驶、智能座舱、乘坐舒适性进行了全面的升级,最大的亮点是更强大的增程电动系统。在外观方面,2021款理想ONE在设计细节上优化了前格栅、L型前转向灯和新的低速转弯辅助灯等,并新增一款全新的运动型双色轮毂。在内饰设计上,其全新设计的方向盘、新的门板造型、无框内后视镜都提升了内饰的精致感和豪华感。

在智能空间方面,2021款理想ONE将四屏语音交互功能进行了升级,用户可以在车内任意位置实现连续自由对话功能。为了给用户带来更好的乘坐感受,2021

款理想 ONE 还在多处细节上下足了功夫，如为驾驶员提供了全新造型的方向盘，为二排新增了电动座椅腰靠功能，针对第三排进行了优化，第三排腿部空间增加了 41 毫米，且依旧保障后备厢够放下 28 英寸的行李箱或大号的婴儿车。除此之外，其还为一排、二排四个座位标配了腰部按摩功能，以及四个舒适软枕。

图 5-15　2021 款理想 ONE

创新实践分析

作为一家创新型的汽车企业，理想汽车逐步结合中国人的生活理念形成了以"家"为特色的汽车体验风格。理想汽车的设计理念是"以人为本"，注重将科技与生活相结合，为消费者打造更加便捷、舒适和环保的出行体验。在外观设计上，理想汽车采用了简洁大气的线条，使得车辆在彰显时尚的同时，也散发出一种沉稳的气质。汽车内饰采用极具科技感的中控台和舒适的座椅。理想汽车的内饰设计不仅美观大方，更注重实用性和舒适性，让驾驶员在享受驾驶乐趣的同时，也能感受到家的温馨。

综上所述，理想汽车凭借其独特的设计理念、出色的性能表现、高度智能化、环保出行新方式、优秀的安全性能以及宽敞舒适的乘坐空间等特点，在新能源汽车市场独树一帜。

5.12 中国传统文化与先进生产力的协同创新
郑州大信家居有限公司工业设计中心

企业综述

郑州大信家居有限公司（简称"大信"）创始于 1999 年，主要从事家居产品设计、研发、生产和销售，自主建立"易简"大规模个性化定制模式，为用户全程提供免费的全屋家居定制服务，产品线从橱柜拓展至家具、家居产品、卫浴及五金配件等。2018 年，大信入选在中国国家博物馆展出的《伟大的变革：庆祝中国改革开放四十周年成就展》，是家居行业唯一入选企业。2019 年，大信获批工业和信息化部国家级工业设计中心。

大信国家级工业设计中心所具备的优势为企业的创新发展提供了重要支撑：第一，大信利用工业设计中心的文化博物馆群落将用户体验"前置"（见图5-16），以文化体验"引流"，将生产加工与使用情境同步提供给消费者，这种体验策略的关键在于"消除设计者与使用者之间对设计创新的认知偏差"，消费者更加直观了解产品的同时，设计者也实时地进行用户反馈收集，以快速迭代与优化设计；第二，根据家居设计行业的特点，大信提出"最小单元"的设计模块，提供设计者与使用者的共创模式，工业设计中心作为共创实施平台，让设计者的创意最大程度发挥价值，同时用户也有机会参与设计、获得打造理想居家环境的契机；第三，大信工业设计中心自主研发的"鸿逸"智能化工业软件打通了设计创新与生产加工之间的阻隔，解决了家居产品设计创新周期长、加工制作时间长、生产良率低、原料成本高等痛点问题；第四，大信对工业设计中心的未来定位是文化园地与创造力园区，通过设计弘扬中华传统文化，将企业塑造成国家品牌文化输出的重要组成部分，进而塑造国家的品牌形象，展现国家文化的独特魅力，提升中国制造与中国创造的国际地位；第五，大信拓展工业设计中心功能以实现"资源节省"，通过传统文化博览与先进产品设计展示"引人入胜"，最终构筑其以"信"

为核心的大信"五位一体"工业设计中心创新生态系统,即信用维度、信念维度、信息维度、信仰维度和信心维度。

图 5-16　大信家居博物馆

文化传承助力大信家居设计创新

大信运用中国人独有的网状思维方式和中华传统优秀文化内涵，以自主研发的软件系统为依托，实现定制家居的大规模个性化定制。学习工业设计的大信董事长庞学元认为："做好橱柜一定要先了解厨房的历史沿革和发展脉络，才能做出专业的、符合中国用户需求的好产品。"大信通过文物研究把中国的传统文化、现代科技、设计理念和工业化、标准化结合起来，找到符合中国用户需求的产品定位，并运用设计思维把传统家具造物至简至纯、厚拙典雅等审美特色融入现代家居产品设计创新，从形式、材料、色彩、风格、功能等维度打造符合中国用户的生活习惯与使用需求的家居产品系统（见图5-17）。

"盛唐直棍格""宋雅芳心"是近年来大信的获奖产品，其融合了中国传统审美文化的新中式产品设计风格，加入了青年群体喜爱的传统元素符号，更容易与用户产生情感共鸣。庞学元相信："向后看多远，才能向前看多远，文物是民族文化的物证，文化抽象出生活的高级形态，在设计创新时，从文物和文化中剥丝抽茧、探索规律，然后形成'最小单元'作为家居数据的源代码，这将构成大信家居产品设计规模化与个性化定制的核心逻辑。"

创新实践分析

　　中国企业建设高品质的工业设计中心势在必行,高品质的工业设计中心将驱动企业实现差异化创新研发与可持续发展。未来企业的工业设计中心应该不仅用于融合先进科技与设计创新,还应作为用户体验的基地。其中,大信将文化园地、创造力园区、用户体验中心与智能工厂系统整合,以工业设计中心激活企业创新力,非常值得借鉴。通过对大信董事长庞学元先生的访谈,得到的启示有三:第一,引入工业文旅项目丰富工厂的使用途径,可以为拓展企业品牌文化输出方式和建立品牌文化自信、增加用户对品牌的认知渠道提供新路径;第二,要改善设计创新目标与用户需求目标的"错位",提升用户体验并建立用户"黏性"系统;第三,夯实自主软硬件研发能力,实现科技创新与设计创新并轨发展,可以为企业创新发展提供重要支撑。

图 5-17　大信家居产品展示

5.13 用细节打造多维度的优良儿童产品
好孩子儿童用品有限公司

企业综述

好孩子儿童用品有限公司（简称"好孩子"）的前身是江苏昆山市陆家中学的校办工厂，当前已经发展为专业从事儿童及母婴产品研发、制造和销售的企业。"关心孩子，服务家庭，回报社会"是好孩子的服务理念，体现了好孩子系列儿童产品关注设计细节，打造高品质使用体验的决心。

好孩子的工业设计中心致力于打造全球育儿生态圈，其丰富的产品线适用于 0~14 岁的孩子，品类涵盖婴儿推车、儿童安全座椅、婴儿寝具、儿童自行车、家具棉纺品、鞋服饰品、洗护用品、哺乳用品、卫生湿巾、育婴电器、玩教用品等。好孩子也致力打造高中低定位的品牌矩阵，按照品牌个性和定位分层，建立起互补的品牌金字塔，可满足育儿家庭的全方位需求。

Swan 天鹅高景观婴儿推车

图 5-18 所示为好孩子 Swan 天鹅高景观婴儿推车。其设计特色包括以下方面：第一，车架采用碳纤维材质，整车重量只有 7.5 千克，碳纤维材质一般用在航空航天行业，也会用到超跑或者 F1 方程式赛车上，主要特点就是比钢材轻，但强度却比钢材大；第二，四轮转向方向非常灵活，四个车轮可以原地 360°旋转，前后推杆在各类换向场景中操作十分便利；第三，在产品安全测试方面，企业有自己的安全座椅碰撞实验室，这个实验室也是国家认可的安全座椅碰撞实验室之一；第四，考虑童车的美观性和个性化，设计者在吸引消费者的注意力、提升使用愉悦度方面加大了外观设计创新，将时尚的外观造型、多种可供选择的颜色和图案，以及符合当代家庭审美需求的设计元素融入设计之中，提升了产品的综合品质。

图 5-18　好孩子 Swan 天鹅高景观婴儿推车

创新实践分析

　　好孩子童车通常设计为多功能的产品,可以适应不同年龄段的儿童需求,如产品配有可调节的座椅和推手,且折叠便捷。另外,安全始终是好孩子产品的重要特色之一,童车通常配备有安全带、防振系统、制动装置等,确保用户在使用过程中的安全。总体而言,好孩子童车通过其优秀的工业设计水平和多样化的产品特色,满足了家长和孩子在安全性、舒适性、功能性和美观性上的需求。

5.14 深耕用户体验与多元化使用场景
潍柴控股集团有限公司

企业综述

潍柴控股集团有限公司（简称"潍柴"）创建于 1946 年，是中国领先、在全球具有重要影响力的工业装备跨国集团，已获得"国家技术创新示范企业""国家级工业设计中心""国家重点高新技术企业"等认定并拥有博士后科研工作站和院士工作站。

潍柴主营业务涵盖动力系统、商用车、农业装备、工程机械、智慧物流、海洋交通装备六大业务板块，分子公司遍及欧洲、北美、亚洲等地区，产品远销 150 多个国家和地区。

潍柴在工业设计创新方面致力于提升产品性能，并注重节能环保、智能化应用、模块化设计、人性化设计等，以满足市场需求并保持竞争优势。

潍柴游艇发动机

以潍柴游艇发动机的产品设计为例（见图 5-19），其创新特征包括以下方面：第一，在批量生产上，设计者采取柔性化定制的生产方式，不仅满足了从下订单到生产的周期短紧要求，还对批量小、品质高的产品特性做了很好的要求比配；第二，在造型的形制参数和工程参数上，设计者充分尊重材料成型的工艺特色，并将这些工艺要求均转化成实际生产的技术优势；第三，在材料选择上，设计者放弃了目前国际通行的铝型材制壳的工程方式，采取了潍柴特有的高质量碳纤维材料制壳方式，不仅减轻了产品的重量，而且兼顾了产品性能。

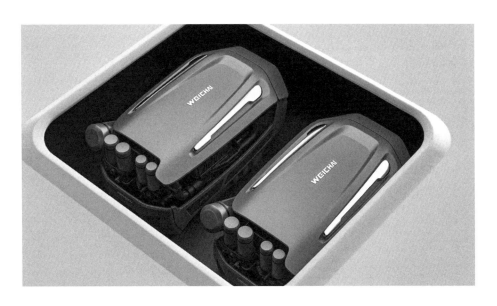

图 5-19　潍柴游艇发动机效果图

创新实践分析

　　潍柴的产品设计非常注重实用性和功能性，特别是在柴油发动机和动力总成的设计上，以确保产品的性能和可靠性。潍柴也注重平衡制造工艺和成本效益，大多产品设计结构简单实用，适合于大规模生产和长期使用。随着全球市场对环保要求的提高，潍柴在工业设计中也强调节能减排和环保性能，以符合国际标准和市场需求。

六、国家级工业设计中心（工业设计企业）

6.1 从创新服务到创意孵化
浪尖设计集团有限公司

企业综述

浪尖设计集团有限公司（简称"浪尖"），创立于 1999 年。作为国内工业设计领域规模大、创新和实现能力强、供应链资源覆盖广泛的专业化、全产业链设计创新服务机构之一，浪尖拥有设计、科研、技术、工程、制造、营销、品牌相关领域超过 1000 人的专业团队，形成涵盖设计、供应链、产研、产教、产融、产城六个事业群，擘绘出以"粤港澳大湾区"为创新资源枢纽，以"长江经济带"为轴，沿"一带一路"辐射发展的国际化、平台化事业版图。

浪尖率先提出并践行了"全产业链设计创新"发展模式，构建了多维赋能、高效协同的全产业链设计创新服务生态体系，创立了"D+M"品牌下的浪尖智造工场、智造体验馆和工业设计小镇三大产业集群化运营品牌。作为世界设计组织（WDO）的成员单位，浪尖先后获得"国家级工业设计中心""科技企业孵化器""众创空间""中小企业公共服务示范平台"等多项认定，成为"共创、共赢、共生"的设计产业发展新生态的缔造者。

浪尖的创新体系可归纳为如下几点：

第一，产品级创新体系。产品级创新体系聚焦于提升产品和企业竞争力，基于浪尖 20 余年对衣、食、住、行、娱、乐、康、游、购以及军民融合等全领域产品的洞察和经验积累，以设计工具创新和跨界、跨域、跨时代的眼光重新定义"产品赛道"，提供不断超越同类竞品、更具持久生命力、可迭代的产品创新解决方案，助推企业加快转型升级步伐。

第二，产业级创新体系。产业级创新体系聚焦于提升行业和产业能动力，基于浪尖搭建的涵盖战略咨询、品牌策略、用户体验研究、供应链、人因工程、高端制造、知识产权、人才培养和投资孵化等工业设计全产业链的深耕，以对行业和产业发展趋势的洞见打通壁垒，加速科技成果转化和应用创新，并提供满足多维需要、可持续发展的整体解决方案。

第三，社会级创新体系。社会级创新体系聚焦于提升城市和区域发展力，基于浪尖的全球化布局和平台化发展，通过构建全产业链设计创新平台，发挥设计引领对资源配置优化的重要作用，营造社会创新文化，帮助人们创造美好生活，推动城市绿色可持续发展。

芬尼墨竹系列中央新风机

芬尼墨竹系列中央新风机（见图 6-1）的产品外观的形象引用了具有可持续、美好寓意的绿色竹子，以创新模块化的设计布局，给后续产品预留产品线拓展空间，通过功能和形式完美结合，由内而外地体现品牌产品的可持续核心价值理念。圆润有亲和力的形态让芬尼墨竹系列中央新风机在行业产品中脱颖而出，不仅如此，弧面造型也彰显了产品纤薄的一面，让产品看起来小巧。

功能上，该产品有着五层高效过滤滤芯，让产品的净化能力得到大幅度提升，给家庭一个健康清新且无菌的环境；根据空气动力学优化的风道，让产品的动力更加强大；分体式的高精度传感器让产品更加精准地监测空气质量；创新的石墨烯热交换器让产品的热交换效率可高达 90%。

该产品的设计体现了浪尖一直坚信的好的设计应该是平衡的综合体现的理念。在产品测试和落地阶段，浪尖设计发挥全产业链的能力优势，不断地精细打磨，最终从功能、美学、工艺、成本等维度达到了有效的平衡，顺利完成了产品预定时间内的落地上市。

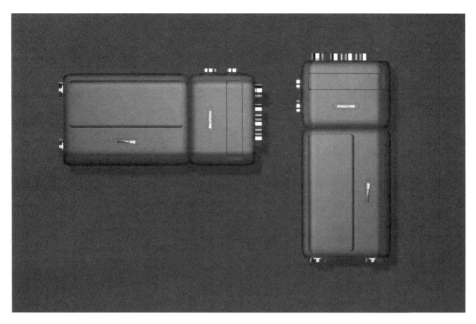

图 6-1 芬尼墨竹系列中央新风机

创新实践分析

浪尖在动态设计视野中经历着"平衡—不平衡—新平衡"的创新活动过程,在循环中提升、升华。浪尖坚持"设计思维没有定式,创新源自对现实生活的否定"的理念,在不断打破现有平衡状态的同时,也在努力寻求新的方法以实现动态的平衡,达到不断超越自我的新境界。中国设计的发展是飞速的,无论是在表达上还是在对市场和对文化的理解认识上,今天,中国的企业和工业设计正在面临着历史性的机遇和随之而来的高难度挑战,多年的设计经验让我们领悟到只有把握产品中各个因素之间的动态平衡才能在激烈的竞争中不断发展、壮大。

6.2 科技与创新有机融合
杭州瑞德设计股份有限公司

企业综述

杭州瑞德设计股份有限公司（简称"瑞德"），创立于1999年，致力于设计创新服务和设计研发。瑞德是国家级工业设计中心、国家高新技术企业、中国工业设计协会副会长单位、杭州工业设计协会会长单位、中国工业设计行业AAA级信用企业，设计的产品荣获"德国红点奖""德国iF设计奖""美国IDEA奖"等众多国际设计大奖。

瑞德的设计定位是科技型综合设计公司，致力于创新设计服务和瑞德设计出品两大业务。其中，设计服务以产品设计、空间设计、品牌策划设计为核心，瑞德设计出品则聚焦产品和品牌孵化、商业展具制造、礼赠品定制等业务，真正打通了"研发—设计—制造—营销—品牌"的商业全链路。目前，瑞德拥有200余名跨领域创新设计成员，包括产品设计师、空间设计师、平面设计师、交互体验设计师、结构工程师、电器工程师、包装类工程师、模型塑造师、心理学专家、市场专家、商业策划专家等。20多年来，瑞德设计始终坚守"设计为一，引领中国设计进步"的使命，已与上百家全球500强及国内优秀企业合作。

方太集成烹饪中心

瑞德为方太打造了"一站式"烹饪平台——方太集成烹饪中心（见图6-2），突破性采用"上排集成"为集成厨电的开发解决方案，集吸油烟机、灶具、蒸箱、烤箱、蒸烤烹饪机等功能于一身，真正实现烟灶联动和烟蒸烤联动，以功能、空间、美学、智慧、专业五维集成，重新定义了中式烹饪。近年来，中国家庭的厨房从单一的烹饪空间逐步转化为家居生活的社交中心，叠加了情感、沟通、娱乐等多重功能与意义，人们对美好厨居的向往与追求从未止步。瑞德设计外化厨电美学之内涵，将美学与科技并举，使创新与智慧兼美，再次引领中国高端厨电美学新范式。

图 6-2 方太集成烹饪中心

创新实践分析

瑞德始终深耕电器领域，坚守"设计为一，引领中国设计进步"的使命，一路携手方太、海信、海尔、美的等行业领军品牌，共同打造多个销售额超过百亿元的现象级产品，开创电器行业空间 SI 标准的建设先河，从而奠定电器行业设计创新引领者的行业地位，并持续助力中国高端品质家电行业转型升级。瑞德设计不仅深耕实践创新，同时也关注设计研究，并协助服务企业进行系列化产品设计打磨和品牌价值提升。在设计研究中，瑞德结合认知科学与 PI 设计战略来引发企业的品牌形象突围，着力彰显其专业与高端的品牌价值，推动终端形态从销售到体验的全面升级，强势提升企业品牌识别度，驱动企业品牌商业增长。

6.3 深耕设计创新与战略统筹
上海木马工业产品设计有限公司

企业综述

上海木马工业产品设计有限公司（简称"木马"），致力于为客户提供从产品原型定义、概念设计、结构设计到供应链整合和品牌建构的全面解决方案。企业服务的对象包括新零售、医疗器械、机器人、制造装备等众多行业的品牌客户。通过团队协作，不断为用户呈现充满创新的设计成果，持续为用户创造商业价值。

木马的设计团队来自工业设计、服务设计、交互设计、品牌设计等多个领域，不同的背景和设计经历让木马更加富有活力和内涵。不同层面的企业对设计的多样化需要，促使木马深耕设计战略统筹与规划，为大中小民营企业提供设计战略支撑。木马通过工业设计塑造企业形象，把设计思维作为研究用户需求、寻找市场差异化竞争力的特定方法。在此基础上，木马建立"360度设计观"这个概念，以此展现设计服务与不同企业需求对接所产生的创新面貌，从实践到方法研发，木马始终尝试将"设计"概念描述得更清晰、更立体。

探梦者 Q3 双轮平衡车

探梦者 Q3 双轮平衡车（见图 6-3）的设计灵感来源于太空飞船，曲线的跳纵美感，宛如游侠探梦翱翔。该产品的设计追逐自由，同时也针对产品的使用行为加以分析，将产品的时尚外观与强大功能结合，并注重提升产品使用安全性，让产品成为安全出行的保障。

该双轮平衡车从用户需求出发，采用了独创的物理性自平衡技术，降低了用户的学习成本；流畅的曲线贯穿整个产品，让整体造型一气呵成，而折面的运用又让产品充满了力量感，再搭配局部的灯光效果，完美塑造出一个有安全感、有运动感、有科技感的时尚产品；脚踏的凹凸纹理不仅丰富了产品设计的细节，还加强了硅胶垫的结构强度，也增加了脚踏控制器的灵敏程度，将形式与功能完美结合；转轴截面采用竖向椭圆设计，提升强度的同时让抓握感更舒适。

图 6-3 探梦者 Q3 双轮平衡车

创新实践分析

  随着中国制造产业的高速发展，对设计服务的要求也从个体转向整体，从局部转向系统。木马跟随产业发展的趋势，构建以工业发展为指引、以工业设计为核心的协同创新体系。木马以创新研究、创新设计、交互设计到品牌推广和社会创新的完整设计生态，为企业提供全方位的设计服务、从而从容应对变化的趋势，建立系统竞争力。木马设计不断探索设计的本体、设计的边界、设计的方法与设计的可能。同时，木马关注产品所取得的社会影响力，将产品设计的获奖与成果转化作为评估设计创新活力的重要标准之一，并在实践中以协同创新的多元视角寻找设计的中国方案。

6.4 文化传承与客户至上
北京洛可可科技有限公司

企业综述

北京洛可可科技有限公司（简称"洛可可"），创立于 2004 年，总部位于北京。秉承"创意是水"的经营理念，洛可可致力于发展整合设计服务和时尚产品两大业务，为客户提供产品创新设计整体解决方案。其中，整合设计服务为客户提供以产品力为核心的系统设计解决方案，内容包括产品策略与研究、工业设计、结构设计、品牌设计、UI 交互体验设计、服务设计、生产供应链管理等业务。2013 年，洛可可入选由工业和信息化部认定的首批"国家级工业设计中心"。

安科医疗 CT 机

洛可可与深圳安科合作以来，先后打造了安科 ANATOM 的 S、P 以及 C 系列医疗 CT 机，逐步构建了安科医疗产品的家族化 PI 设计体系。从 ANATOM 的 S800（见图 6-4）设计开始，洛可可为安科扫描系统定义了温和、科技、人文关怀的产品调性，并在 ANATOM 的 C 系列与 ANATOM 的 P 系列设计上进行了设计元素延续，在造型、排布、色彩、材质和比例上形成统一性。

ANATOM S800 具有操作简便、维护维修方便、图像高清、功能全面等特点。此外，洛可可为深圳安科医疗 CT 机进行了造型设计以及交互设计。造型上采用同心圆设计增强亲和力，扫描口孔径前凸的造型使得视觉上放大孔径，减轻患者的幽闭恐惧感。交互设计上，优化了呼吸指示模块的交互方式，给患者更加舒适的体验。

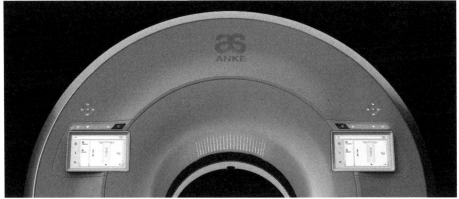

图 6-4 安科 ANATOM S800 医疗 CT 机

创新实践分析

洛可可发展工业设计的特色在于提出了中国文化与时代特质相结合的中国设计基调和实践路径，洛可可积极传承与输出中国传统文化，企业认为中国设计必须靠中国文化走出去。

同时，洛可可在设计研究上积累了产品三观、用户五感、4D 创新法则等工业设计创新方法论。洛可可通过方法论的积累成功服务近万个落地项目，致力于打造行业整体创新解决方案，帮助客户树立品牌形象、提高产品销量、丰富零售体验、健全商业体系。

6.5　产品品牌整合与理念创新
杭州飞鱼工业设计有限公司

企业综述

杭州飞鱼工业设计有限公司（简称"飞鱼"）于 2002 年创立，是一家致力于产品和品牌整合创新的设计机构。自创立起，飞鱼即以"设计为人"的核心理念，围绕设计为人服务的宗旨，从用户研究到产品创新再到用户体验，以"在对的时间，找对的方向，做对的设计"为准则向国内外企业提供产品创新设计、品牌策略与品牌设计、创新设计孵化等相关服务。此外，飞鱼始终坚持"策略领先"和"优设计"为理念，整合行业研究、用户体验、人机交互、品牌及商业策略规划资源优势，为客户提供产品形象整合、产品创新设计及产品市场化策略等的系统化服务，并在商业战略层面为客户提供创新的产品发展解决方案。如今飞鱼设计已拥有国家级工业设计中心（见图 6-5），设计的作品多次荣获红点、iF、IDEA、G-mark、PIN-UP、红星奖等国内外设计奖项。

ENDOPARTNER 内窥镜诊疗系列产品

飞鱼通过对目前内窥镜诊疗领域需求的深刻洞察以及研发团队的不懈努力，成功帮助奥林巴斯设计了 ENDOPARTNER 内窥镜诊疗系列产品（见图 6-6）。该系列产品有效降低了内窥镜诊疗的感控风险，提升了诊疗效率，同时促进了诊疗中的护理配合。其相关产品 EP-W1 整体工作台能够实现设备线缆的包裹收纳，实现整洁、美观、舒适的医疗环境。EP-T1 内窥镜专用吊塔则能通过其搭载性、安全性及一系列人性化设计，提高了空间利用率和周转效率等。

图 6-5 飞鱼的工业设计中心产品展示

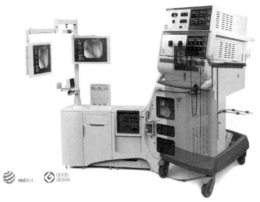

图 6-6 内窥镜诊疗系列产品

创新实践分析

飞鱼通过其优秀的工业设计水准和多样化的服务特色，成为众多企业和品牌选择的合作伙伴。飞鱼的设计项目既具有美学价值，又注重功能性和市场适应性，为客户带来了实质性的商业价值和市场竞争力。

面向未来，工业设计企业要善于洞察和把握决定设计创新的关键要素，并通过要素的演变趋势预测未来，最开始要当好"侦察兵"真正了解清楚细分行业的内核，要超前认识行业生命周期处于什么阶段，跳出行业来理解问题，过程中基于数据修正认知，最后再得出判断。

6.6 产品设计创新策略引领
北京上品极致产品设计有限公司

企业综述

北京上品极致产品设计有限公司(简称"上品")于2023年获批国家级工业设计企业,是中国工业设计行业的主力军,为众多客户提供优质的设计与咨询服务。上品致力于为全球客户提供产品整体解决方案,为企业增加利润,创造更好的产品和品牌竞争的价值。上品拥有一支经验丰富、充满激情和创意的设计师队伍。自成立以来,上品一直秉承着"用设计为企业创造影响力"的价值观。前瞻的设计视野、得心应手的跨界设计应用和创新能力,使上品成为众多国际知名品牌的长期设计战略合作伙伴。上品的服务领域涉及智能硬件、医疗健康、节能环保、大众创新、工业自动化等。

AOMAITE 安防巡逻机器人

图6-7所示为上品为AOMAITE打造的安防巡逻机器人。AOMAITE安防巡逻机器人主要用于执行各种智能安保服务任务,包括自主巡逻、音视频监控、环境感知、监控报警等,可实现夜间自动巡逻、自行充电和异常报警,能广泛应用到电力巡逻、工厂巡逻等领域。设计者在巡逻车与机器人之间找寻平衡点,利用曲线与面的结合,让产品具有动感又不显笨重,同时合理规划功能区域,明确产品各功能位置。

图 6-7 AOMAITE 安防巡逻机器人

创新实践分析

上品以工业设计为核心,"上"为态度,"品"为原则,乐观向上,追求极致。上品在以服务企业设计全新产品的同时,也在重新定义、构建和管理企业的全新品牌视觉形象。科技的发展,使得工业设计成为全产业链中的先驱者和探路人,上品努力搭建起工业设计与科技行业乃至社会各界的桥梁,让工业设计为智能生活带来的温暖与美感。上品认为好的工业设计,不仅要最大限度满足产品在当下使用场景内的需求、与产品功能相互成全,更重要的是,还要在一定程度上承载传承、创新与推动经济发展的责任。

6.7 服务沈阳八大产能
沈阳创新设计服务有限公司

企业综述

自 2002 年成立至今，沈阳创新设计服务有限公司（简称"沈阳创新设计"）的服务能力由最初的外观设计，到产品设计，到动态的交互体验设计，再到全产业链、全流程、全要素的产品研发设计，沈阳创新设计已经成为国内知名的工业设计服务企业。目前，沈阳创新设计的服务板块辐射八大沈阳在地特色产能，其设计内容包括：第一，帮助企业由产品制造商向解决方案提供商转变，实现服务型制造；第二，帮助企业塑造高科技、高品质、受欢迎产品形象，实现科技成果快速转化；第三，帮助企业改变传统设计思维，引导企业创新力提升，为"大众创业、万众创新"提供工业设计全产业链技术支撑；第四，帮助企业构建智能化工厂，为企业转型升级提供可视化解决方案。

新松 SCR 系列协作机器人

图 6-8 所示为沈阳创新设计为新松设计的 SCR 系列协作机器人。该产品具备快速配置、牵引示教、视觉引导、碰撞检测等功能，特别适用于布局紧凑、精准度高的柔性化生产线。其极高的灵活度、精确度和安全性的产品特征，将开拓全新的工业生产方式，引领人机协作新时代。该产品广泛应用在汽车、3C 电子、食品饮料、医疗制药、物流仓储、五金卫浴等行业以及智能装配、智能分拣、上下料、智能搬运、包装及堆垛等领域。

图 6-8 新松 SCR 系列协作机器人

创新实践分析

沈阳创新设计立足沈阳的城市发展战略，聚焦沈阳八大重点产业链与企业展开设计对接和服务对接，成为全链条工业设计体系与标准的制定者和引领者，推动了产业链短板领域设计问题的有效改善，推动了产业链重点企业实现数字化、智能化转型升级，有效赋能了行业发展。

第四单元
★★★★

中国工业设计发展机制的优势总结

· 为城市发展提供设计势能
· 为区域发展提供设计效能
· 为企业发展提供设计动能

工业设计是提高产品附加值、增加企业竞争力、提升产业链价值、赋能制造业高质量发展的重要引擎。因此，要在企业层面、区域层面、城市层面，最后汇集至国家层面发挥工业设计创造力引擎的力量，不断助力我国企业、产业及城市的全面发展。

本书所构建的中国工业设计发展机制紧紧围绕中国的国家发展战略。中国作为后发工业国，其工业设计战略制定是基于他国发展经验的基础上，与多数国家从"战术上深度绑定"有所区别。2007年，温家宝总理提出"要高度重视工业设计"，中国由此开启全面发展工业设计新阶段，并进而形成城市、产业和企业三个发展维度的、战略目标鲜明且独特的运行机制，经过20多年社会各界的共同努力中国的工业设计发展取得丰硕成果。本单元基于前三个单元的分析基础，将中国工业设计发展机制的优势划分为三个部分分别进行总结，以为未来工业设计扩大社会影响力、赋能社会发展创新提供借鉴。

七、为城市发展提供设计势能

7.1 城市群落：发挥辐射作用构筑设计卫星城市网络

与其他国家设计之都的规划与发展进程不同，中国的设计之都与服务型制造示范城市（工业设计特色类）的发展目标清晰且肩负着引发更大范围城市更新的使命。所以，中国城市发展的方向不是"城市中心化"而是"城市网络化"，即发挥设计的辐射创新作用，建设高质量的、以设计创新为特色的卫星城市群落。其优势包括以下几个方面：

第一，以中国特色创意城市网络系统提升中国设计园区的设计培育力。在优势产业发展实践的过程中，要夯实国家级工业设计中心与国家工业设计研究院等机构的设计研发力，为企业提供覆盖全生命周期的系统性设计服务，提升企业"制造＋服务"的双重能力。目前，中国推行创意城市多集中于超一线、一线和新一线城市，然而设计与创意产业的工作性质可以不受物理空间的影响，借助网络可以形成更大的辐射力。同时，中国具有大量兼具设计与文化潜力，且新兴产业高速发展的中小型城市。因此，未来中国打造特色设计城市网络的关键优势就在于中小型城市群落所构成的生态网络体系，进而形成特色鲜明的发展模式。

第二，设计城市群落可以让人才、资源与产业在物理分散状态下，实现虚拟层次上的高密度对接。未来，中国城市发展的当务之急，是借鉴设计之都的发展经验，汇聚中国中小型城市的优势产业与人才资源形成网络平台，将散点化发展特征转化为多元化、系统化、网络化的特征，进而输出城市的优势品牌文化，实现城市设计转型。

第三，多个城市设计机构与企业通过构建产业战略联盟，实现利益共享和风险共担，提高了设计成果转化的动力与活力。建设国际一流的设计园区和为国家发展战略建言献策的设计研发中心可以在一定程度上促使园区与中心以地域、城市和国家产业发展为己任，产出不负时代使命的设计实践成果。

综上，中国致力于建设世界一流的设计创意城市群落，而中国的设计发展目标需要与国家发展战略深刻绑定。

7.2 人才凝聚：学科交叉融合汇聚复合型设计人才

中国诸多城市设计创新的综合能力不断攀升的背后是拥有各类综合类大学和艺术设计院校的支撑，工业设计与相关专业培养的人才可以为城市发展持续赋能。培养划时代的、具有协同创新能力的复合型设计人才成为中国工业设计发展的核心目标。因此，学科交叉融合成为未来设计学科教学改革的必然趋势。中国培养交叉学科复合型设计人才的优势包括以下两个方面：

第一，在学习国际先进设计人才培养理念的基础上，从内部打通工业设计与相关专业之间的交叉与融合。新时期，工业设计教育迎来了崭新的发展机遇，国内外众多院校如美国斯坦福大学、芬兰阿尔托大学、新加坡科技设计大学以及我国的清华大学美术学院和同济大学设计创意学院等都在突破传统的教学体系，以开放的平台、国际化的视角、创新的理念和多学科交叉的培养模式，将工业设计教育推到一个新的高度。另外，各国的工业设计发展规划中，普遍制定了明确的教育体系与相关的阶段性目标，如韩国在其第二个设计振兴五年计划（1998—2002年）中，除整体修订大专院校的工业设计理念、大纲、方法、形式外，还在大学中建立了十五个设计创新中心，提倡产学研相结合。在这五年中，韩国工业设计专业的毕业生同比增长27%，由原来的28583人上升到36397人。这其中，教育系统的人才输出不再局限于工业设计知识背景，而是扩延到从造型到综合表现，从视觉到情感心理等多元范畴。再如，美国设有工业设计专业的相关学校之中，有的学校专门服务于某一产业，如汽车、电器、家具等；有的学校注重于实用主义的设计哲学研究；有的学校把美术与工业设计相结合，在装潢、展览、陈列、包装、标志等方面培育综合能力。最后，聚焦中国的设计人才培养，很多高校在产学研融合方面，借助产业优势，正积极培养具有学科交叉能力的复合型设计人才。

第二，产学研结合培养复合型设计人才。对于工业设计产业而言，人才输入端的数量增长且类型多样，带来的是自身知识体系和组织结构的变化，面向未来的设计赋能也将更加倾向于系统性、多样性和协作性地解决核心问题，而不再聚焦于单一的色彩及造型美化层面。此外，学校层面交叉学科可以促进工业设计专业与非工业设计专业人才之间的沟通。

综上，设计教育需要创新，要依托工科背景的优势，以量化管理思路重新调整课程，使其贯穿在设计系统中，把教师和学生从一般的思维模式中解放出来，进而完善教育方向，建立多学科交叉的平台。

八、为区域发展提供设计效能

8.1 产业集群：激活园区创新功能孵化新兴产业链

产业集群型工业设计平台在中国的呈现方式是以设计为特征的诸多类型园区的集合。园区聚合产业资源形成特色产业集群，设计在其中发挥着关键的协调和协同作用，具体模式可以总结为"2+1"的推进模式。其中，"2"是指入驻园区的企业工业设计中心和工业设计企业，"1"是指园区发挥自身孵化力和创新力，形成以工业设计为核心的产业集聚。而园区入驻企业中，拥有国家级工业设计中心的大多会成为创新能力强、特色鲜明、管理规范、业绩突出的典范。下面，笔者将中国工业设计园区的发展特征与优势总结为以下几个方面：

第一，多元化的园区更具人才凝聚力。2007年，温家宝总理批示"要高度重视工业设计"之后，工业设计产业的形态开始呈现多元化，设计文化创意平台、促进中心、工业设计园区等如雨后春笋般地发展起来。截至2024年，全国已有设计创意类园区超过1000家，以工业设计为主的园区60多家。其辐射的设计企业和企业设计部门超过6000家。人才辐射数量也高速增长，全国已有设计类专业院校超过1700家，工业设计院校超过500家，在校学生总人数超过140万。同时，园区孵化的设计企业数量也在高速增长，以北京和深圳举例，北京工业设计产业起步较早，规模和技术服务水平均处于国内领先地位。统计在册的企业结果显示，北京目前有超过400家企业与园区建立了深度连接，同时，这些企业大多拥有自己的工业设计中心与部门赋能企业创新。同样，截至2023年，深圳工业设计企业超过 1000 家，有 500 余家设计型单位与园区发生深度连接。工业设计产业主体开始趋向多种形态并存的特征，以企业为代表的应用性工业设计领域，以职业设计公司为代表的服务性工业设计领域，以专业设计人才培养的大专院校、职业培训机构等综合性人才培养的工业设计领域和以产业园区为代表的、与区域经济相对接的集聚性工业设计领域等共同形成了中国工业设计产业的主体结构。

第二，工业设计驱动园区的品质与服务体验不断升级。工业设计园区日益成为城市更新的重要载体，近年来，在各地政策的积极引导下，许多地区陆续建立了工业设计园区或设计产业园区，其中，除了书中讲述的园区外，国内较有代表性的园区还包括：北京的 DRC 工业设计创意产业基地、无锡的工业设计园、深圳的设计产业园、上海的 8 号桥设计创意园、宁波的和丰创意广场等。这些园区在当地政府的大力支持下，吸收国有资本、民营资本和外资共同投资兴建，采取市场化运营方式形成了明显的聚集效应。同时，园区在人才辐射上也形成了文化高地，拉动并影响了就业数量增长。近年来，工业设计园区独树一帜，成为各级地方政府和经济管理部门合理规划工业布局，从规划、转型和企业升级等方面，提升本地区科技、文化和城市内涵，为产业提供集生产、研发、物流、展示及融资等内容于一体的综合解决方案。此外，园区为当地企业构建一个多元化的发展平台。我国的工业设计事业正处于高速发展期，与工业化的发展要求和发达国家的设计发展水平之间的差距正在通过优势产业牵引而逐步缩小。中国设计园区在许多方面已经萌发出了独具特色的发展方式和经营理念，并受到来自世界同行的关注与赞赏。

第三，工业设计园区成为孵化国家战略性新兴产业的助力器与主力军。作为工业发展的一种有效手段，工业园区在降低基础设施成本，刺激地区经济发展，以城市集约化方式拓展社区综合效能和提供各种有效的资源与环境方面意义重大。我国工业化进程不断深入，致力于对工业园区的深度开发和文化拓展也在步入实践。以设计创新为核心来建设园区迅速成为近十年中国设计创新发展机制的亮点。曾经以某个企业为中心、聚集产品的具体设计服务时代已经被超越与取代，而以整体地方经济的产业环境为背景，从产业转型和行业升级的角度探索园区形态，构筑更为宏观层面园区顶层架构，并形成面向整体社会服务与市场竞争的产业集群载体成为趋势。

综上，以设计驱动的园区成为政府转变地方经济发展方式和企业转型升级的重要手段，在城市发展进程中，整个社会对设计园区也有了更为全面、客观的认识与评价。设计是当代创新园区的精髓，设计的思维、理念和事业的兴起，必将成为中国深化改革成果，实现"中国创造"的关键动能。面向未来，中国的设计园区的建设机制应当基于政产学研的综合优势，在依托所在地区的整体规划、城市发展、产业定位等战略目标的基础上，为社会和国家发展贡献力量。

8.2 研究组织:构建创新生态提升设计国际竞争力

国家工业设计研究院在推动国家工业设计创新发展,引领中国产业走向国际市场,实现企业优化升级的进程中发挥着重要作用。随着中国经济向高质量阶段发展,工业设计的重要性将进一步提升。国家工业设计研究院将继续构筑创新创业生态体系,为实现我国工业的高质量发展做出更大贡献。

为深入贯彻落实党中央、国务院决策部署,2018年7月,根据"十三五"规划中提出"设立国家工业设计研究院"的要求,工信部印发《国家工业设计研究院创建工作指南》,建设重点行业和领域的国家工业设计研究院和省级工业设计研究院。这是推动我国工业设计创新平台向国际领先水平高质量发展的战略部署,更是我国工业设计面向世界科技前沿、面向经济主战场、面向国家重大需求、面向人民生命健康的全新里程碑。2021年10月,历经两年时间的建设、培育和考核评估,工信部首批认定的五家国家工业设计研究院正式发布,分别为:中国工业设计(上海)研究院股份有限公司、山东省工业设计研究院(烟台)、广州坤银生态产业投资有限公司(广东省生态工业设计研究院)、浙江树创科技有限公司(中低压电气工业设计研究院)、陶瓷工业设计研究院(福建)有限公司(见表8-1)。

面向未来,国家相关扶持政策将继续积极引导工业设计研究院以工业设计领域公共服务为核心功能,以工业设计关键共性技术为研究重点,充分利用互联网与信息通信技术,有效整合国际国内、线上线下各类设计资源,建设开放共享的研究开发平台、协同高效的成果转化平台、产学研联动的人才培养平台、支撑制造业创新发展的公共服务平台。笔者将工业设计研究院在构筑国家设计生态中的作用与优势进行总结如下:

第一，持续性发挥设计基础研究的引领作用。根据全球制造业发展趋势和我国制造强国建设任务需要，开展设计理论研究、工业设计领域关键共性技术研究，加强工业设计新理念、新材料、新技术、新工具等的推广应用，开发满足制造业高质量发展需要的关键设计工具、软件。

第二，建立大数据模型平台为企业提供技术与设计支撑。建立工业设计数据资源中心，形成技术支撑能力。重点聚焦元器件数据库、CMF（色彩、材料与工艺）数据库、文化艺术资源库、人体心理生理数据库、产品图谱库、行业分析数据库、生命周期评价数据库、设计项目案例库、专利数据库等基础信息资源。参与设计领域相关标准制订工作。

第三，促进产业领域内先进设计成果的知识产权转化。开展产品试制、检验检测、质量认证、模具制造等服务，有效降低企业设计成果转化成本，提高设计企业市场响应速度。加强成果转化全流程知识产权保护能力建设，提供专利预警、

表 8-1 首批国家工业设计研究院名单

序号	名称	服务方向和领域
1	中国工业设计（上海）研究院股份有限公司	数字设计领域
2	山东省工业设计研究院（烟台）	智能制造领域
3	广州坤银生态产业投资有限公司 （广东省生态工业设计研究院）	生态设计领域
4	浙江树创科技有限公司 （中低压电气工业设计研究院）	中低压电气行业
5	陶瓷工业设计研究院（福建）有限公司	陶瓷行业

快速审查、快速确权、快速维权等服务。搭建工业设计网络交易平台，有效对接需求，整合全球资源。

第四，汇聚政产学研专家资源为企业提供设计创新咨询服务。为政府部门提供行业分析、政策研究、宣贯落实等支撑服务。为企业提供工业设计相关的战略咨询、过程管理、技术支持等业务服务，以及商务、金融、市场、财务、法律等延伸服务。

第五，联合高校专家资源建立企业人才培养机制。瞄准设计领域高端、复合型人才培养，建立区域性、行业性设计人才培养基地。加强与相关院校和科研机构合作，根据行业特点开展知识普及、技能提升等专业培训。探索开放式人才培养模式，推动设计人才国际国内双向交流和联合培养。

第六，促进国际化的设计交流合作与学习机遇。组织开展设计供需对接。推动对外合作，广泛吸引全球设计智慧。推动中国设计"走出去"，提升中国设计国际影响力，为"一带一路"建设等提供服务。

总结中国工业设计研究院赋能国家发展战略的深远意义与价值在于：第一，促进创新创业，研究院通过对前沿技术的探索和应用，不断提升工业设计的服务能力和质量；第二，促进设计服务生态体系建设，为国内外企业提供专业的工业设计服务，提升产品价值，提高市场竞争力；第三，形成人才凝聚，培养具有国际视野的工业设计人才，推动工业设计的持续发展；第四，促进产业升级，通过工业设计创新，推动传统产业升级，实现产业的高质量发展。

九、为企业发展提供设计动能

9.1 实践型：工业设计中心成为企业战略升维的引擎

实践型工业设计平台包含企业的国家级、省级和市级工业设计中心，工业设计中心成为企业创新的引擎，并和市场战略目标紧密关联形成协同工作系统。在工业设计中心中最高层级当属国家级工业设计中心，是由工业和信息化部组织评定由省、市两级工业设计中心经过至少两年以上建设之后申报、达标和公布的代表当今中国企业在工业设计领域实力，且成绩卓著的设计机构、部门或团体。以《中华人民共和国国民经济和社会发展第十四个五年规划和2035年远景目标纲要》为主线，梳理《关于促进工业设计发展的若干指导意见》（工信部联产业〔2010〕390号）、《关于印发制造业设计能力提升专项行动计划（2019—2022年）的通知》（工信部联产业〔2019〕218号）、《国务院关于推进文化创意和设计服务与相关产业融合发展的若干意见》（国发〔2014〕10号）等加快工业设计中心培育壮大，促进工业设计企业创新发展，提升工业设计赋能制造业高质量转型的国家政策，从中建立国家级工业设计中心与国家发展战略布局的紧密联系，自2013年开始，工业和信息化部每两年认定一批国家级工业设计中心。截止到2023年，共认定了六批合计415家国家级工业设计中心。其中，企业工业设计中心377家，面向市场需求提供工业设计服务的工业设计企业有38家。

鉴于工业设计中心对国家服务制造产业发展的关键价值，企业建设工业设计中心，成为不断提升创新设计能力，塑造产品竞争壁垒，引领行业发展的有效途径。具体总结企业拥有工业设计中心所获得的优势为以下几个方面：

第一，打造中国企业的工业设计国际影响力，构建工业设计产业生态圈。依据《国家级工业设计中心认定管理办法》与申请指南，各省、市启动工业设计发展扶持的相关计划，政府为推动工业设计行业高质量发展采取了大量举措，旨在激发工业设计创新活力，培育工业设计优势品牌。同时，企业通过建设工业设计中心可获得资金补贴、税收优惠、金融服务、人才培养等方面收益。国家级工业设计中心代表着我国工业设计最强创新能力和最高水平，是国家对工业设计中心（企业）的最高认可。国家级工业设计中心在现代企业和国家的发展中具有不可替代的作用。首先，它能够为企业提供专业的设计服务和解决方案，帮助企业提升产品竞争力，满足消费者需求，从而在市场中取得优势。其次，国家级工业设计中心还能够为国家经济发展提供动力，通过推动工业创新和提高制造业水平，促进国家经济的持续增长。此外，国家级工业设计中心对于全球工业发展也具有积极的影响。在全球化背景下，工业设计中心能够促进各国之间的技术交流和合作，推动全球工业发展的协同进步。随着科技的不断进步和创新，工业设计中心将更加注重设计与技术的融合创新和研发。利用新技术、新材料和新工艺，推动工业设计向数字化、智能化、绿色化等方向发展，为企业提供更具有前瞻性和竞争力的设计方案。工业设计中心还将加强与其他产业的融合和创新，通过与制造业、服务业等产业的深度融合，推动工业设计的跨界应用和创新发展，为企业创造更多的商业机会和价值。

第二，以工业设计中心驱动企业的综合管理水平和决策能力，形成企业内外联通的核心决策机制。工业设计中心通常具有强大的创新能力和鲜明特色，其管理水平规范，业绩突出，发展水平居全国先进地位。它们不仅在企业内部起到了重要的设计创新作用，还在推动整个工业设计行业的进步和发展方面发挥着关键作用。从国家级工业设计中心的认定条件来看，它们通常是在工业设计方面已经取得显著成就的企业或机构。这些企业或机构在遵守国家法律法规、符合产业政策和地方经济社会发展要求、拥有自主知识产权和自主品牌、重视工业设计投入、拥有独立的工业设计中心等方面都有严格要求。这些因素都使得这些企业具备了赋能其他企业或产业的潜力。随着市场竞争的加剧，国家级工业设计中心将更加注重企业的品牌建设和市场推广。通过创新管理加强品牌宣传和推广，提高工业设计中心的知名度和影响力，吸引更多的企业和合作伙伴，共同推动工业设计行业的发展。企业工业设计中心发展趋势将呈现出规模化、深度合作、技术创新、产业融合和品牌建设等特点。这将有助于推动中国工业设计行业的快速发展，为制造业的转型升级和高质量发展提供有力支撑。未来，企业工业设计中心需要注重创新能力培养、深化与制造业的融合、推动跨界合作与资源共享、强化品牌建设和市场推广以及充分利用政策支持和资金扶持等方面的工作。这些措施将有助于提升工业设计中心的整体实力和市场竞争力，为企业的持续发展提供有力支撑。

第三，通过工业设计中心增强与国内知名高校、科研机构之间的合作，以加强产学研合作，推动设计与技术创新的成果转化。这种合作模式有助于中心获取最新的科技信息和研发资源，进而提升其在工业设计领域的竞争力，同时也为其他企业或产业提供了更多的合作机会和资源共享的可能性。考虑到当前中国制造业的转型升级和创新发展需求，国家级工业设计中心赋能企业发展的潜力巨大。它们可以通过提供设计服务、技术支持、人才培养等方式，帮助其他企业或产业实现产品创新、提升品牌价值、增强市场竞争力。特别是在推动制造业数字化、智能化、高端化发展的过程中，工业设计中心将发挥更加重要的作用。随着国家对制造业和工业设计的重视程度不断提高，国家级工业设计中心的数量和规模将持续扩大。这将进一步推动工业设计在制造业中的应用和普及，为更多企业提供专业、高水平的工业设计服务，助力企业实现产品创新和升级。国家级工业设计中心将更加注重校企的深度合作和对接。通过联合研究深入了解企业的需求和痛点，工业设计中心将为企业提供更加精准、有效的解决方案，帮助企业解决产品设计、功能优化、品牌建设等方面的问题，实现赋能发展。

第四，工业设计中心用设计创新参与企业人才培养战略，持续性为企业培养具有创新创业综合能力的高素质人才。工业设计中心应继续加大在创新研发方面的投入，不断推动设计理念、技术和方法的创新。同时，通过引进和培养高水平的设计人才，提升整个团队的创新能力和专业素养，从而为企业提供更具有前瞻性和竞争力的设计方案。通过中心推动跨界合作与人才培育资源共享，鼓励工业设计中心与其他领域的企业、研究机构等进行跨界合作，共同开展技术研发、市场推广等活动。通过共享资源、互通有无，实现优势互补，推动整个产业链的协同发展；同时，积极鼓励企业人才参与国内外设计展览、竞赛及论坛等活动，拓展企业的合作网络和人才能力。充分利用国家政策支持和资金扶持为人才创造更广阔的发展与提升空间，工业设计中心应密切关注国家和地方政府的政策导向和资金扶持情况，积极申请相关项目和资金支持，为企业人才培养提供有力保障。同时，加强与政府部门的沟通和合作，争取更多的政策支持和资源倾斜。

第五，工业设计中心深化与国家制造服务产业发展目标深度融合，强化中心参与企业发展战略制定的深远意义。深入了解市场需求和产业发展趋势，将设计创新更好地融入产品制造和产业链整合中。通过优化生产流程、提高生产效率、降低生产成本等方式，为企业创造更大的价值。工业设计中心赋能企业战略的制定及实施是一个综合且系统的过程，旨在通过工业设计提升企业的创新能力和市场竞争力。

1）参与企业发展战略制定。其中包含市场调研与分析：深入进行市场调研，了解行业发展趋势、市场需求以及竞争对手情况，通过对市场数据的分析，确定企业赋能的目标和方向；明确战略定位：基于市场调研结果，工业设计中心需要明确自身的战略定位，即在企业赋能中扮演的角色和提供的价值，这包括确定工业设计中心的核心能力、服务范围以及目标客户群体；制定赋能计划：确定赋能的目标企业、合作项目、预期效果以及实施步骤等，同时，还需要考虑如何整合内外部资源，以确保赋能计划的顺利实施。

2）参与企业发展战略实施。其中包含建立合作关系：工业设计中心需要与目标企业建立紧密的合作关系，通过签订合作协议、建立联合研发团队等方式，确保双方能够共同推进赋能项目的实施；开展设计服务：根据赋能计划，工业设计中心需要提供一系列的设计服务，包括产品概念设计、造型设计、结构设计等，同时，还需要关注设计过程中的创新性和实用性，确保设计成果能够满足市场需求并提升企业的竞争力；推动技术创新：工业设计中心需要积极推动技术创新，通过引进新技术、新材料和新工艺等方式，提升设计服务的水平和质量，此外，还需要加强与高校、科研机构等的合作，共同开展技术研究和创新活动；加强人才培养：工业设计中心需要注重人才培养和团队建设，通过引进优秀人才、开展培训等方式，提升团队的设计能力和创新能力，同时，还需要建立良好的激励机制，激发团队成员的积极性和创造力。

3）参与企业发展战略评估与优化。在战略实施过程中，工业设计中心需要定期对赋能效果进行评估，了解合作项目的进展情况和存在的问题。根据评估结果，对赋能计划进行优化和调整，以确保战略目标的顺利实现。工业设计中心企业赋能战略的制定及实施是一个持续的过程，需要不断关注市场动态和技术发展趋势，及时调整和完善战略内容，以更好地服务于企业的发展和创新。

第六，工业设计中心助推企业设计成果的转化和应用，通过加强知识产权保护，确保企业各项产品设计成果的合法权益。企业工业设计中心推动产品设计的升级换代和市场拓展，同时，通过产品设计的展示和交流，提升企业的品牌形象和行业知名度。企业工业设计中心会紧密结合企业自身的特点和市场需求，明确设计战略的定位和目标，通过深入的市场调研和分析，了解行业发展趋势和消费者需求，从而确定设计战略的方向和重点，进而制定具体的设计策略和实施计划，如产品创新、服务创新和专利申请流程与成果转化创新策略等。明确设计团队的职责和任务，确保设计资源的合理配置，制定时间表和里程碑，确保设计成果知识产权申请的有序实施。在实施过程中，工业设计中心注重与企业内部各部门的协同合作，与生产、研发、市场等部门保持紧密沟通，确保设计成果和知识产权能够得到有效实施和孵化落地，共同推动企业设计创新和技术进步。

综上，企业工业设计中心通过对设计战略的定期评估和反馈，及时发现问题和不足，调整和优化设计策略和实施计划。同时，企业工业设计中心持续关注行业动态和技术发展趋势，不断更新设计理念和方法，保持中心的先进性和适应性。中国企业工业设计中心具备产品市场调研、明确战略定位、制定实施计划、加强内外部合作、推动设计成果转化以及总结经验完善战略等作用与功能，致力于提升企业的设计创新能力，最终推动企业转型与产业升级。

9.2 服务型：以设计服务探索市场规律引发自身成长

服务型工业设计平台主要指工业设计企业，指在中国境内依法经工商行政管理机关登记注册，企业名称包含"设计"同时营业范围中优先包含"工业设计""产品设计""产品造型设计""产品外观设计"等项目的企业。中国的工业设计企业其发展的必经之路是通过设计服务认清市场趋势与内在运行规律，通过服务企业进而贴近产业，最终引发自我设计生态建立健全，将传统意义上的设计服务公司成长为设计全周期操控的设计企业。据上述标准进行统计，截至2024年6月底，全国工业设计企业共有7740家，其中数量超过1000家的省份从高到低排名依次为广东、北京、湖北；数量在500~1000家区间的省份为浙江；数量在100~500家区间的省份为江苏、上海、河南、安徽、福建、山东、河北；数量不足100家的省份有四川、重庆、江西等。

中国各省份的工业设计公司在2015年迎来高速发展期，其数量也在逐年递增，通过数量统计发现，围绕珠三角经济圈的各产业高度发达，工业设计的需求量剧增，在中国经济板块中，粤港澳大湾区、长三角地区已经发展成为不可忽视的制造业基地，产业结构不断优化升级，催生了工业设计公司和企业的蓬勃发展，工业设计产生的经济效益越来越突出，市场上涌现了一些具有行业影响力的、规模较大的工业设计公司，如浪尖设计、嘉兰图、木马设计和洛可可等。我国工业设计产业凭借经济东风取得长足发展，在北京、长三角、粤港澳大湾区（含深圳）设计产业呈现欣欣向荣局面。中国服务型工业设计平台的特色可以进行如下归纳：

第一，全产业链设计建设布局。通过设计理顺区域产业链运行与联动过程中各环节生产、制造、设计与销售之间关系，构建企业良好合作的产业生态体系，使工业设计企业从产品研发的源头获得市场竞争优势。

第二，从外观设计与体验设计向产品功能与技术设计延伸。工业设计企业的创新范围由产品设计向新材料、新工艺、新功能、新结构等设计方向不断延展，围绕企业的品牌设计、产品设计、服务设计等领域进行多元化拓展。

第三，注重人文向度与文化输出的创新设计模式。实现从原始的产品造型设计服务向体验设计等角度拓展，注重企业的社会责任与道德建构，关注产品从视觉设计向交互设计的思维转化，从整体社会向个体需求不断辐射设计的人文关怀力，以此推进社会创新。因此，工业设计企业要从产品设计思维转型至产业创新和商业模式设计创新，要具有宏观的格局与使命，通过产品设计开启和拓展国家文化输出的有效渠道。

第四，关注人工智能时代新的技术引发的企业设计协同创新能力。例如，运用数字孪生与智能设备参与设计，导入高新技术，如区块链、大数据、人工智能、VR/XR 技术等，提升工业设计技术含量，推动企业向智能工业设计转型升级。同时，注重虚拟设计的用户体验反馈。随着用户对产品体验的要求越来越高，工业设计企业更加注重产品设计的易用性、舒适性、安全性和美观性，以提高用户对产品的综合体验。

综上，工业设计企业因设计思维赋能，自身具备灵活的、适应力极强的发展模式，不仅帮助企业的产品提升市场竞争力，还能够帮助企业在国际市场上拓展业务，提高国际竞争力。企业通过推出优秀的工业设计成果，不仅实现经济效益提升，还能够凝聚设计人才、扩展企业规模，成为以实现新质生产力为目标的国家新兴产业类型。因此，工业设计企业与公司对中国发展工业设计具有重要价值与深远意义。

附录

- 国家级工业设计中心列表
- 国家级工业设计中心认定管理办法
- 中国设计园区名录列表
- 朱焘《关于我国应大力发展工业设计的建议》
- 全国高等院校综合设计基础教学论坛
- 中国工业设计协会专家工作委员会第三届名单
- 工业设计学习参考书目

附录1 国家级工业设计中心列表

附表 1-1 国家级工业设计中心在全国各省份的分布（截至 2023 年）

序号	省份名称	中心总数
1	山东省	53
2	广东省	46
3	浙江省	38
4	福建省	30
5	江苏省	28
6	上海市	19
7	安徽省、河北省	各 18
8	湖北省、湖南省	各 15
9	四川省、北京市	各 12
10	河南省	11
11	重庆市	10
12	陕西省	9
13	辽宁省、江西省	各 8
14	天津市	7
15	甘肃省	4
16	新疆维吾尔自治区、内蒙古自治区	各 3
17	云南省、广西壮族自治区、吉林省	各 2
18	黑龙江省、西藏自治区、贵州省、宁夏回族自治区	各 1

附表 1-2 获得国家级工业设计中心与国家级工业设计企业的单位（截至 2023 年）

序号	省份名称	设计中心名称
1	山东省	1、金猴集团有限公司工业设计中心
2	山东省	2、滨州亚光家纺有限公司工业设计中心
3	山东省	3、九阳股份有限公司工业设计中心
4	山东省	4、海尔集团公司创新设计中心
5	山东省	5、海信集团有限公司工业设计中心
6	山东省	6、国网智能科技股份有限公司工业设计中心
7	山东省	7、三角轮胎股份有限公司工业设计中心
8	山东省	8、烟台杰瑞石油服务集团股份有限公司油气开发装备工业设计中心
9	山东省	9、泰山体育产业集团有限公司工业设计中心

（续）

序号	省份名称	设计中心名称
10	山东省	10、潍柴雷沃重工股份有限公司工业设计中心
11		11、浪潮电子信息产业股份有限公司工业设计中心
12		12、迪尚集团有限公司工业设计中心
13		13、鲁泰纺织股份有限公司工业设计中心
14		14、威高集团有限公司工业设计中心
15		15、山东博科生物产业有限公司工业设计中心
16		16、山东银鹰炊事机械有限公司工业设计中心
17		17、中车青岛四方机车车辆股份有限公司工业设计中心
18		18、双星集团有限责任公司工业设计中心
19		19、山东玲珑轮胎股份有限公司工业设计中心
20		20、潍柴动力股份有限公司工业设计中心
21		21、山东五征集团有限公司工业设计中心
22		22、山东临工工程机械有限公司工业设计中心
23		23、中通客车控股股份有限公司新能源客车工业设计中心
24		24、文登威力工具集团有限公司工业设计中心
25		25、华纺股份有限公司工业设计中心
26		26、泰安路德工程材料有限公司工业设计中心
27		27、山东华建铝业集团有限公司工业设计中心
28		28、山推工程机械股份有限公司铲土运输机械工业设计中心
29		29、烟台冰轮集团有限公司工业设计中心
30		30、济南森峰科技有限公司工业设计中心

(续)

序号	省份名称	设计中心名称
31	山东省	31、普瑞特机械制造股份有限公司液态食品智能装备工业设计中心
32		32、青岛琅琊台集团股份有限公司工业设计中心
33		33、澳柯玛股份有限公司工业设计中心
34		34、青岛威奥轨道股份有限公司工业设计中心
35		35、青岛海丽雅集团有限公司工业设计中心
36		36、济南中维世纪科技有限公司创新设计中心
37		37、愉悦家纺有限公司工业设计中心
38		38、滨州东方地毯有限公司工业设计中心
39		39、淄博大染坊丝绸集团有限公司织染工业设计中心
40		40、烟台宏远氧业股份有限公司工业设计中心
41		41、山东时风(集团)有限责任公司工业设计中心
42		42、橙色云互联网设计有限公司
43		43、临工重机股份有限公司工业设计中心
44		44、山东天瑞重工有限公司工业设计中心
45		45、威海光威复合材料股份有限公司工业设计中心
46		46、济南金威刻科技发展有限公司工业设计中心
47		47、山东天意机械股份有限公司工业设计中心
48		48、山东日发纺织机械有限公司工业设计中心
49		49、山东街景智能制造科技股份有限公司工业设计中心
50		50、烟台艾睿光电科技有限公司工业设计中心
51		51、山东亚华电子股份有限公司工业设计中心
52		52、鲁普耐特集团有限公司工业设计中心
53		53、中电科思仪科技股份有限公司工业设计中心
54		54、青岛森麒麟轮胎股份有限公司工业设计中心

（续）

序号	省份名称	设计中心名称
55	广东省	1、佛山维尚家具制造有限公司全屋定制家具设计创新中心
56		2、闻泰通讯股份有限公司移动终端研发设计中心
57		3、小熊电器股份有限公司创意电器工业设计中心
58		4、中国电器科学研究院股份有限公司工业设计中心
59		5、OPPO广东移动通信有限公司工业设计中心
60		6、TCL集团股份有限公司工业设计中心
61		7、傲基科技股份有限公司企业工业设计中心
62		8、飞亚达（集团）股份有限公司创新设计中心
63		9、广东奥马冰箱有限公司工业设计中心
64		10、广东东方麦田工业设计股份有限公司
65		11、广东凌丰集团股份有限公司工业设计中心
66		12、广东美的制冷设备有限公司工业设计中心
67		13、广东万家乐燃气具有限公司数智家电设计中心
68		14、广东小天才科技有限公司教育电子工业设计中心
69		15、广东新宝电器股份有限公司工业设计中心
70		16、广汽集团汽车工程研究院概念与造型设计中心
71		17、广州广电运通金融电子股份有限公司工业设计中心
72		18、广州广日电梯工业有限公司工业设计中心
73		19、广州海格通信集团股份有限公司工业设计中心
74		20、广州极飞科技股份有限公司工业设计中心
75		21、广州毅昌科技股份有限公司工业设计中心
76		22、海能达通信股份有限公司工业设计中心
77		23、海信容声（广东）冰箱有限公司创新设计中心
78		24、华帝股份有限公司设计创新中心

(续)

序号	省份名称	设计中心名称
79	广东省	25、华为技术有限公司工业设计中心
80		26、惠州华阳通用电子有限公司工业设计中心
81		27、惠州市德赛西威汽车电子股份有限公司工业设计中心
82		28、箭牌家居集团股份有限公司创新设计中心
83		29、库卡机器人（广东）有限公司智能机器人工业设计中心
84		30、美的集团股份有限公司工业设计中心
85		31、明门（中国）幼童用品有限公司幼童用品工业设计中心
86		32、欧派家居集团股份有限公司集团大家居产品设计中心
87		33、深圳创维-RGB电子有限公司工业设计研究院
88		34、深圳创维数字技术有限公司工业设计中心
89		35、深圳绿米联创科技有限公司工业设计中心
90		36、深圳迈瑞生物医疗电子股份有限公司工业设计中心
91		37、深圳市北鼎晶辉科技股份有限公司节能型家电工业设计中心
92		38、深圳市大疆创新科技有限公司工业设计中心
93		39、深圳市浪尖设计有限公司
94		40、深圳市优必选科技股份有限公司机器人工业设计中心
95		41、深圳市裕同包装科技股份有限公司工业设计中心
96		42、视睿智能终端工业设计中心
97		43、索菲亚家居股份有限公司工业设计中心
98		44、维沃移动通信有限公司工业设计中心
99		45、中国赛宝实验室工业产品质量与可靠性设计中心
100		46、中兴通讯股份有限公司中兴通讯终端产品设计中心
101		47、珠海格力电器股份有限公司工业设计中心
102		48、珠海罗西尼表业有限公司工业设计中心

（续）

序号	省份名称	设计中心名称
103	浙江省	1、贝发集团股份有限公司工业设计中心
104		2、浙江菲达环保科技股份有限公司诸暨菲达环保装备研究院
105		3、浙江泰普森控股集团有限公司工业设计中心
106		4、杭州瑞德设计股份有限公司
107		5、杭州巨星科技股份有限公司工业设计中心
108		6、浙江奥康鞋业股份有限公司鞋类科技研究院
109		7、浙江欧诗漫集团有限公司工业设计中心
110		8、浙江圣奥科技股份有限公司工业设计中心
111		9、杭州老板电器股份有限公司工业设计中心
112		10、吉利汽车研究院（宁波）有限公司工业设计中心
113		11、杭州飞鱼工业设计有限公司
114		12、杭州三花新能源工业设计中心
115		13、顾家家居工业设计中心
116		14、浙江大丰演艺装备工业设计中心
117		15、得力集团工业设计中心
118		16、公牛集团股份有限公司产品策划设计中心
119		17、永艺家具工业设计中心
120		18、中电科（嘉兴）工业设计中心
121		19、正泰低压智能电器研究院
122		20、恒林家居股份有限公司健康家居设计中心
123		21、浙江凯喜雅国际股份有限公司工业设计中心
124		22、杭叉集团股份有限公司工业车辆工业设计中心
125		23、杭州永创智能设备股份有限公司工业设计中心
126		24、新华三技术有限公司"云与智能"工业设计中心

(续)

序号	省份名称	设计中心名称
127	浙江省	25、浙江大华技术股份有限公司工业设计中心
128		26、乐歌人体工学科技股份有限公司工业设计中心
129		27、宁波太平鸟时尚服饰股份有限公司设计研发中心
130		28、赛尔富电子有限公司LED商业照明工业设计中心
131		29、浙江大胜达包装股份有限公司包装制品工业设计中心
132		30、服务型制造研究院（杭州）有限公司
133		31、杭州博乐工业设计股份有限公司
134		32、诺力智能装备股份有限公司工业设计中心
135		33、浙江春风动力股份有限公司工业设计中心
136		34、杭州西奥电梯有限公司工业设计中心
137		35、浙江友邦集成吊顶股份有限公司工业设计中心
138		36、阿里云计算有限公司设计中心
139		37、浙江苏泊尔家电制造有限公司工业设计中心
140		38、火星人厨具股份有限公司工业设计中心
141		39、康奈集团有限公司制鞋工业设计中心
142		40、宁波奥克斯电气股份有限公司工业设计中心
143		41、宁波方太厨具有限公司工业设计中心
144		42、宁波利时日用品有限公司产品设计中心
145		43、杭州热浪创新控股有限公司
146	福建省	1、福建恒安集团有限公司卫生用品工业设计中心
147		2、厦门金牌厨柜股份有限公司厨房工业设计中心
148		3、泉州迪特工业产品设计有限公司
149		4、冠捷显示科技（厦门）有限公司工业设计研发中心
150		5、九牧厨卫股份有限公司工业设计中心

(续)

序号	省份名称	设计中心名称
151	福建省	6、厦门松霖科技有限公司工业设计中心
152		7、厦门市拙雅科技有限公司
153		8、三六一度（中国）有限公司研创服务中心
154		9、福建七匹狼实业股份有限公司工业设计中心
155		10、厦门盈趣科技股份有限公司创新设计中心
156		11、立达信物联科技股份有限公司工业设计中心
157		12、厦门建霖健康家居股份有限公司工业设计中心
158		13、德艺文化创意集团股份有限公司
159		14、福建星网锐捷通讯股份有限公司工业设计中心
160		15、厦门金龙旅行车有限公司工业设计中心
161		16、厦门优胜工业设计中心
162		17、漳州市恒丽电子工业设计中心
163		18、泉州匹克鞋业有限公司工业设计中心
164		19、双驰实业股份有限公司企业鞋业设计中心
165		20、福建新大陆支付技术有限公司工业设计中心
166		21、厦门金龙联合汽车工业有限公司工业设计中心
167		22、林德（中国）叉车有限公司工业设计中心
168		23、厦门狄耐克智能科技股份有限公司工业设计中心
169		24、福建（泉州）哈工大工程技术研究院
170		25、福建省华一设计有限公司
171		26、信泰（福建）科技有限公司绿色纺织鞋面设计中心
172		27、漳州市东方智能仪表有限公司智能测试仪表工业设计创新中心
173		28、特步（中国）有限公司工业设计中心
174		29、安踏（中国）有限公司工业设计中心

（续）

序号	省份名称	设计中心名称
175	福建省	30、福建华峰新材料有限公司纺织设计与创意中心
176		31、奥佳华智能健康科技集团股份有限公司健身按摩康复设备设计中心
177		32、厦门瑞尔特卫浴科技股份有限公司工业设计中心
178		33、科华数据股份有限公司工业设计中心
179		34、厦门亿联网络技术股份有限公司音视频通信智能终端工业设计中心
180		35、厦门立林科技有限公司工业设计中心
181	江苏省	1、好孩子儿童用品有限公司科学育儿用品工业设计中心
182		2、江苏金太阳纺织科技有限公司家纺设计研究院
183		3、徐州工程机械集团有限公司工业设计中心
184		4、江苏东方创意文化产业有限公司
185		5、江苏苏美达五金工具有限公司工业设计中心
186		6、江苏高淳陶瓷股份有限公司工业设计中心
187		7、莱克电气股份有限公司设计中心
188		8、南京德朔实业有限公司工业设计中心
189		9、无锡小天鹅股份有限公司工业设计研究院
190		10、常州星宇车灯股份有限公司工业设计中心
191		11、博众精工科技股份有限公司工业设计中心
192		12、波司登羽绒服装有限公司工业设计中心
193		13、江苏鱼跃医疗设备股份有限公司工业设计中心
194		14、江苏通用科技股份有限公司工业设计中心
195		15、雅迪科技集团有限公司工业设计中心
196		16、科沃斯机器人股份有限公司工业设计中心
197		17、宝时得科技（中国）有限公司工业设计中心
198		18、海太欧林集团有限公司工业设计中心

（续）

序号	省份名称	设计中心名称
199	江苏省	19、捷达消防科技（苏州）股份有限公司工业设计中心
200		20、江苏仅一联合智造有限公司工业设计中心
201		21、中国电子科技集团公司第十四研究所工业设计中心
202		22、江苏亨通光电股份有限公司工业设计中心
203		23、南通中远海运川崎船舶工业设计中心
204		24、苏州奥杰汽车技术股份有限公司
205		25、捷安特（昆山）有限公司自行车工业设计中心
206		26、江苏常发农业装备股份有限公司工业设计中心
207		27、万帮数字能源股份有限公司工业设计中心
208		28、固德威技术股份有限公司工业设计中心
209		29、江苏美的清洁电器股份有限公司工业设计中心
210		30、江苏洋河酒厂股份有限公司设计中心
211	上海市	1、上海家化联合股份有限公司工业设计中心（技术中心）
212		2、上海指南工业设计有限公司
213		3、上海龙创汽车设计股份有限公司
214		4、中国商飞上海飞机客户服务有限公司民用飞机工业设计中心
215		5、上海晨光文具股份有限公司产品设计中心
216		6、上汽通用五菱汽车股份有限公司工业设计中心
217		7、泛亚汽车前瞻设计与造型中心
218		8、上汽大通汽车有限公司工业设计中心
219		9、上海奔腾电工有限公司工业设计中心
220		10、上海联影医疗科技股份有限公司设计创新中心
221		11、上海汽车集团股份有限公司工业设计中心
222		12、上海微创医疗器械（集团）有限公司工业设计中心

（续）

序号	省份名称	设计中心名称
223	上海市	13、特赞（上海）信息科技有限公司 Tech&Design 中心
224		14、中国商用飞机有限责任公司上海飞机设计研究院飞机架构集成工程技术所工业设计中心
225		15、上海蔚来汽车有限公司造型设计中心
226		16、上海非夕机器人科技有限公司工业设计研发中心
227		17、上海广为焊接设备有限公司工业设计中心
228		18、上海商米科技集团股份有限公司设计中心
229		19、上海飞科电器股份有限公司工业设计中心
230		20、上海百雀羚日用化学有限公司产品创新设计中心
231		21、上海造币有限公司设计开发中心
232		22、中船邮轮科技发展有限公司
233	安徽省	1、安徽江淮汽车股份有限公司工业设计中心
234		2、中国电子科技集团公司第三十八研究所工业设计中心
235		3、奇瑞汽车股份有限公司工业设计中心
236		4、惠而浦（中国）股份有限公司工业设计中心
237		5、安徽合力股份有限公司工业设计中心
238		6、长虹（合肥）美菱股份有限公司创新设计中心
239		7、阳光电源股份有限公司工业设计中心
240		8、合肥荣事达电子电器集团工业设计中心
241		9、联宝（合肥）电子科技有限公司创新设计中心
242		10、安徽华菱汽车有限公司工业设计中心
243		11、安徽古井贡酒股份有限公司产品设计中心
244		12、合肥泰禾智能科技集团股份有限公司工业设计中心
245		13、安徽华米信息科技有限公司工业设计中心
246		14、中建材蚌埠玻璃工业设计研究院有限公司工业设计中心

(续)

序号	省份名称	设计中心名称
247	安徽省	15、劲旅环境科技股份有限公司工业设计中心
248		16、科大讯飞股份有限公司工业设计中心
249		17、志邦家居股份有限公司工业设计中心
250		18、吉祥三宝高科纺织有限公司功能性纺织新材料工业设计中心
251	河北省	1、际华三五零二职业装有限公司职业装研究院
252		2、秦皇岛玻璃工业研究设计院
253		3、中车唐山机车车辆有限公司轨道车辆工业设计中心
254		4、中信戴卡股份有限公司工程技术研究院
255		5、惠达卫浴股份有限公司工业设计中心
256		6、长城汽车股份有限公司工业设计中心
257		7、际华三五一四制革制鞋有限公司鞋靴工业设计中心
258		8、唐山晶玉科技股份有限公司工业设计中心
259		9、衡橡科技股份有限公司工业设计中心
260		10、新兴铸管股份有限公司工业设计中心
261		11、河北宝力工程装备股份有限公司工业设计中心
262		12、宇通客车股份有限公司工业设计中心
263		13、中信重工开诚智能装备有限公司特种机器人工业设计中心
264		14、润泰救援装备科技河北有限公司智能化应急救援装备工业设计中心
265		15、巨力索具股份有限公司工业设计中心
266		16、保定天威保变电气股份有限公司电力变压器工业设计中心
267		17、唐山冀东装备工程股份有限公司工业设计中心
268		18、今麦郎食品股份有限公司工业设计中心
269		19、唐山梦牌瓷业有限公司工业设计中心

(续)

序号	省份名称	设计中心名称
270	湖北省	1、烽火通信科技股份有限公司创新设计中心
271		2、武汉东研智慧设计研究院有限公司
272		3、武汉高德红外股份有限公司工业设计中心
273		4、东风汽车集团有限公司技术中心
274		5、华工科技工业设计中心
275		6、微特技术有限公司
276		7、武汉重型机床集团有限公司工业设计中心
277		8、宜昌长机科技有限责任公司高端齿轮加工装备工业设计中心
278		9、湖北三江航天万峰科技发展有限公司测控与光电产品工业设计中心
279		10、湖北三丰小松自动化仓储设备有限公司自动化仓储物流系统工业设计中心
280		11、武汉金运激光股份有限公司技术中心
281		12、中铁科工集团有限公司工业设计中心
282		13、襄阳五二五泵业有限公司特种泵设计中心
283		14、武汉逸飞激光股份有限公司工业设计中心
284		15、湖北京山轻工机械股份有限公司工业设计中心
285		16、武汉攀升鼎承科技有限公司工业设计中心
286		17、航天南湖电子信息技术股份有限公司技术中心
287	湖南省	1、湖南东方时装有限公司服装工业设计中心
288		2、中车株洲电力机车有限公司轨道交通装备工业设计中心
289		3、中国铁建重工集团股份有限公司工业设计中心
290		4、湖南梦洁家纺股份有限公司工业设计中心
291		5、湖南省金为新材料科技有限公司钢防护产品及门窗幕墙工业设计中心
292		6、三一集团有限公司工业设计中心
293		7、中联重科股份有限公司工业设计中心

（续）

序号	省份名称	设计中心名称
294	湖南省	8、山河智能装备股份有限公司工业设计中心
295		9、湖南联诚轨道装备有限公司工业设计中心
296		10、楚天科技股份有限公司工业设计中心
297		11、湖南星邦智能装备股份有限公司高空作业装备工业设计中心
298		12、长城信息股份有限公司工业设计中心
299		13、可孚医疗科技股份有限公司工业设计中心
300		14、湖南华联瓷业股份有限公司陶瓷创意与品牌设计中心
301		15、醴陵陶润实业发展有限公司工业设计中心
302	四川省	1、泸州老窖集团有限责任公司工业设计中心
303		2、雷迪波尔服饰股份有限公司工业设计中心
304		3、四川长虹电器股份有限公司工业设计中心
305		4、四川华体照明科技股份有限公司工业设计中心
306		5、明珠家具股份有限公司工业设计中心
307		6、宜宾五粮液股份有限公司产品研发部
308		7、四川科瑞达电子技术有限公司
309		8、四川省宜宾普拉斯包装材料有限公司工业设计中心
310		9、帝欧家居股份有限公司工业设计中心
311		10、二重（德阳）重型装备有限公司重型高端装备创新设计中心
312		11、成都极米科技股份有限公司体验设计中心
313		12、四川建设机械（集团）股份有限公司工业设计中心
314		13、成都秦川物联网科技股份有限公司工业设计中心
315	北京市	1、联想（北京）有限公司创新设计中心
316		2、北京洛可可科技有限公司

(续)

序号	省份名称	设计中心名称
317	北京市	3、小米科技有限责任公司工业设计中心
318		4、北京全路通信信号研究设计院有限公司
319		5、中国航空工业集团公司第一飞机设计研究院工业设计中心
320		6、东道品牌创意集团有限公司
321		7、阿尔特汽车技术股份有限公司
322		8、北汽福田汽车股份有限公司工业设计中心
323		9、北京汽车研究总院有限公司造型中心
324		10、豪尔赛科技集团股份有限公司智慧夜景照明工业设计中心
325		11、华电重工股份有限公司工业设计中心
326		12、爱慕股份有限公司工业设计中心
327		13、北京格雷时尚科技有限公司
328		14、京东方科技集团股份有限公司
329		15、北京福田康明斯发动机有限公司工业设计中心
330		16、北京谊安医疗系统股份有限公司工业设计中心
331		17、依文服饰股份有限公司时尚创新设计中心
332		18、北京上品极致产品设计有限公司
333	河南省	1、中信重工机械股份有限公司工业设计中心
334		2、许继集团有限公司工业设计中心
335		3、郑州大信家居有限公司工业设计中心
336		4、洛阳拖拉机研究所有限公司
337		5、河南卫华重型机械股份有限公司智能起重装备工业设计中心
338		6、中铁工程装备集团有限公司工业设计中心
339		7、河南翔宇医疗设备股份有限公司工业设计中心
340		8、中色科技股份有限公司工业设计中心

（续）

序号	省份名称	设计中心名称
341	河南省	9、平高集团有限公司工业设计中心
342		10、恒天重工股份有限公司智能纺机装备工业设计中心
343		11、正星科技股份有限公司工业设计中心
344		12、际华三五一五皮革皮鞋有限公司特种鞋靴工业设计中心
345	重庆市	1、重庆锦晖陶瓷有限公司消费品工业设计中心
346		2、力帆实业（集团）股份有限公司摩托车工业设计中心
347		3、宗申产业集团有限公司创新设计中心
348		4、重庆长安汽车股份有限公司工业设计中心
349		5、隆鑫通用动力股份有限公司动力产品工业设计中心
350		6、重庆浪尖渝力科技有限公司
351		7、重庆登康口腔护理用品股份有限公司工业设计中心
352		8、玛格家居股份有限公司创新设计中心
353		9、中国船舶重工集团海装风电股份有限公司工业设计中心
354		10、重庆品胜科技有限公司物联网标识设备工业设计中心
355		11、重庆青山工业有限责任公司传动系统工业设计中心
356	陕西省	1、中航西飞民用飞机有限责任公司工业设计中心
357		2、陕西北方动力有限责任公司工业设计中心
358		3、西安陕鼓动力股份有限公司能量转换透平设备设计中心
359		4、中国重型机械研究院股份公司工业设计中心
360		5、陕西法士特齿轮有限责任公司工业设计中心
361		6、陕西柴油机重工有限公司中高速大功率内燃机及发电机组成套工业设计中心
362		7、中国电子科技集团公司第二十研究所高端电子装备工业设计中心
363		8、中煤航测遥感集团有限公司专题地图创新设计中心
364		9、西安诺瓦星云科技股份有限公司超高清视频显示设备工业设计中心

(续)

序号	省份名称	设计中心名称
365	辽宁省	1、沈阳创新设计服务有限公司
366		2、大连四达高技术发展有限公司
367		3、辽宁三三工业有限公司中国掘进机工业设计中心
368		4、沈阳透平机械股份有限公司工业设计中心
369		5、大杨集团有限责任公司服装工业设计中心
370		6、中车大连机车车辆有限公司工业设计中心
371		7、大连豪森设备制造股份有限公司
372		8、沈阳兴华航空电器有限责任公司工业设计中心
373		9、中国机械总院集团沈阳铸造研究所有限公司工业设计中心
374		10、大连中集特种物流装备有限公司工业设计中心
375		11、大连鼎创科技开发有限公司智慧家居工业设计中心
376	江西省	1、江铃汽车股份有限公司工业设计中心
377		2、美克国际家居用品股份有限公司工业设计中心
378		3、中国直升机设计研究所工业设计中心
379		4、江西沃格光电股份有限公司光电玻璃工业设计中心
380		5、江西省赣璞设计有限公司
381		6、洛客科技有限公司
382		7、中铁九桥工程有限公司工业设计中心
383		8、绿萌科技股份有限公司果蔬采后处理装备设计中心
384		9、晶科能源股份有限公司工业设计中心
385		10、江西煌上煌集团食品股份有限公司酱卤食品工业设计中心
386	天津市	1、天津海鸥表业集团有限公司工业设计中心
387		2、天津七一二通信广播有限公司工业设计中心
388		3、曙光信息产业股份有限公司工业设计中心

(续)

序号	省份名称	设计中心名称
389	天津市	4、天津市津宝乐器有限公司工业设计中心
390		5、天地伟业智能安防创新工业设计中心
391		6、天津云圣智能科技有限责任公司云中圣境工业设计中心
392		7、天津天纺投资控股有限公司设计中心
393	甘肃省	1、甘肃省机械科学研究院工业设计中心
394		2、兰州兰石集团有限公司工业设计中心
395		3、天水电气传动研究所集团有限公司工业设计中心
396		4、金川集团股份有限公司工业设计中心
397	新疆维吾尔自治区	1、新疆楼兰制衣有限责任公司艾德莱斯文化创意设计中心
398		2、新疆雪峰科技（集团）股份有限公司工业设计中心
399		3、新疆汇翔激光科技有限公司产品研发设计中心
400	内蒙古自治区	1、内蒙古鹿王羊绒有限公司工业设计中心
401		2、内蒙古伊利实业集团股份有限公司食品包装工业设计中心
402		3、包头钢铁（集团）有限责任公司工业（生态）设计中心
403	云南省	1、中国铁建高新装备股份有限公司轨道交通养护装备工业设计中心
404		2、云南贝泰妮生物科技集团股份有限公司功能性护肤品工业设计中心
405	广西壮族自治区	1、广西柳工机械股份有限公司工业设计中心
406		2、东风柳州汽车有限公司工业设计中心
407	吉林省	1、机械工业第九设计研究院有限公司
408		2、中国第一汽车股份有限公司研发总院
409		3、中车长春轨道客车股份有限公司工业设计中心
410	黑龙江省	1、哈尔滨纳诺机械设备有限公司工业设计中心
411		2、哈尔滨工业大学城市规划设计研究院有限公司
412		3、黑龙江多维时空自由制造有限公司
413	西藏自治区	西藏达热瓦青稞酒业股份有限公司工业设计中心
414	贵州省	大自然科技股份有限公司植物纤维弹性制品工业设计中心
415	宁夏回族自治区	共享智能铸造产业创新中心有限公司铸造3D打印及铸造智能工厂工业设计中心

附录2 国家级工业设计中心认定管理办法

第一章 总则

第一条 为贯彻《中华人民共和国国民经济和社会发展第十四个五年规划和2035年远景目标纲要》,加快培育壮大工业设计市场主体,促进工业设计创新发展,提升工业设计赋能制造业高质量发展的能力,根据《国务院关于推进文化创意和设计服务与相关产业融合发展的若干意见》(国发〔2014〕10号),制定本办法。

第二条 国家级工业设计中心认定、管理等相关工作适用本办法。

第三条 本办法所称的工业设计是指以工业产品为主要对象,综合运用科技手段和工学、美学、心理学、经济学等知识,对产品的功能、结构、形态及包装等进行整合优化的创新活动。

国家级工业设计中心是指经工业和信息化部认定,工业设计创新力强、业绩突出、发展水平领先的工业设计机构。国家级工业设计中心包括两种类型:制造业企业等单位设立的,主要为本单位提供工业设计服务的企业工业设计中心;面向市场需求提供工业设计服务的工业设计企业。

第四条 国家级工业设计中心的认定工作坚持政府引导、企业自愿,公开透明、择优确定,动态管理、逐步提升的原则。

第五条 工业和信息化部负责国家级工业设计中心的认定管理工作。各省、自治区、直辖市及计划单列市、新疆生产建设兵团工业和信息化主管部门（以下简称省级主管部门）负责本地区工业设计中心（以下简称省级工业设计中心）认定管理工作。

第二章 认定条件与程序

第六条 申报国家级工业设计中心，需稳定运营 3 年（截至申报日期），有固定的工作场所、良好的软硬件条件、健全的管理制度、稳定的人员配置，满足国家级工业设计中心评价指标要求，并具备以下条件：

（一）为省级工业设计中心；

（二）遵守国家法律法规，3 年内未发生重大环保、质量和安全事故，未被列为严重失信主体，没有重大违法行为或涉嫌重大违法正在接受有关部门审查的情况；

（三）制造业企业等单位设立的企业工业设计中心需是专门成立、独立运行的分支机构或内设部门。

第七条 国家级工业设计中心申报遵循自愿原则。申报主体需在中华人民共和国境内注册，具备独立法人资格；制造业企业等单位设立的不具备法人资格的企业工业设计中心，由其具备法人资格的设立单位申报。

第八条 国家级工业设计中心认定工作按照"谁推荐、谁把关，谁审核、谁管理"的方式统筹开展、有序推进。

（一）申报主体向省级主管部门提出申请，按要求在指定信息平台提交国家级工业设计中心申请表及相关申请材料，对材料的真实性、完整性负责。

（二）省级主管部门负责组织对申报材料进行审核，确定推荐名单，在规定时间内将推荐文件报送工业和信息化部。

（三）工业和信息化部组织专家进行评审以及必要的现场考查，征求有关行业协会意见，公示五个工作日。经审查合格且公示无异议的，认定为国家级工业设计中心。

第九条 国家级工业设计中心每 2 年认定一次。

第三章 培育与管理

第十条 工业和信息化主管部门要加强指导和服务，建立健全工业设计中心梯度培育体系，持续培育壮大工业设计市场主体。

工业和信息化部加强宏观指导和政策引导，推动国家级工业设计中心聚焦制造业重点领域，实现设计优化和提升；面向产业链供应链中小企业开放设计项目，增强产业链协同设计能力和水平；积极参与关键技术攻关、重大项目研发，提升产业创新能力。

省级主管部门立足本地区产业特点和工业设计发展阶段，参照本办法制定完善省级工业设计中心认定管理办法，开展本地区省级工业设计中心培育认定工作。省级工业设计中心的评价标准应依据国家级工业设计中心评价指标制定，可结合本地区实际设定"特色化指标"，特色化指标分值不超过总分的 30%。省级工业设计中心认定管理办法发布后及时报工业和信息化部。

第十一条 对国家级工业设计中心实施动态管理。

（一）国家级工业设计中心每次认定及复核的有效期为 4 年，到期应参加复核。

（二）接受复核的国家级工业设计中心按照要求在指定信息平台提交有关复核材料，报省级主管部门。省级主管部门审核后填写评价意见，按要求报送工业和信息化部。经工业和信息化部复核后，发布复核结果。

（三）对于未按规定参加复核的、复核结果为不合格的、所在企业自行要求撤销的，工业和信息化部核实有关情况后，公布撤销的国家级工业设计中心名单。此类单位 2 年内不得重新申报。

（四）对于在申请认定和接受管理过程中存在弄虚作假、违反相关规定的，发生重大环保、质量和安全事故的，被列为严重失信主体的，有重大违法行为或涉嫌重大违法正在接受有关部门审查的，工业和信息化部核实有关情况后，公布撤销的国家级工业设计中心名单。此类单位 4 年内不得重新申报。

（五）国家级工业设计中心所在企业发生更名、重组、依法终止等重大调整的，省级主管部门应及时将有关情况报工业和信息化部。

第四章 附则

第十二条 本办法由工业和信息化部负责解释。

第十三条 本办法自发布之日起施行。《国家级工业设计中心认定管理办法（试行）》（工信部产业〔2012〕422 号）同时废止。

附录3 中国设计园区名录列表

1. 中国工业设计示范基地评选要求

参评对象按以下四类划分：以设计创新为主题的园区、设有工业设计中心的企业、工业设计机构、设有工业设计或产品设计专业的院校。

对前三者，要求具有清晰定位和规划，重视并具备较强创新能力和机制，取得较优经济和社会效益或在市场上取得明显竞争优势注重相关人才的培养，同时依法注册运营达一定年限。对院校要求有良好的发展环境、较强的师资能力、较高的科研能力及突出的专业建设。具体内容可参考《中国工业设计示范基地评定和管理办法》。

附表3-1列出了2014年首批中国工业设计示范基地名单。

附表3-1 2014年首批中国工业设计示范基地名单

编号	所在地	企业名称	类别
1	广东	广州汽车集团股份有限公司	企业
2	广东	飞亚达（集团）股份有限公司	企业
3	广东	中山市华帝燃具股份有限公司	企业
4	浙江	宁波欧琳厨具有限公司	企业
5	福建	路达（厦门）工业有限公司	企业
6	广东	深圳市浪尖设计有限公司	设计机构
7	广东	深圳市嘉兰图设计有限公司	设计机构
8	浙江	杭州飞鱼工业设计有限公司	设计机构
9	福建	厦门市拙雅科技有限公司	设计机构
10	广东	广东工业设计城	园区
11	广东	深圳设计产业园	园区
12	北京	北京DRC工业设计创意产业基地	园区
13	浙江	宁波和丰创意广场	园区
14	江苏	江南大学设计学院	院校
15	江苏	南京艺术学院工业设计学院	院校

2. 中国工业设计园区联盟

中国工业设计园区联盟（Chinese Industrial Design Park Aliance，CIDPA）由全国各地致力于引导和推进工业设计产业集聚和发展的设计、创意园区自愿组成。它在中国工业设计协会倡导下于 2010 年 12 月在广州正式成立，现有成员单位 38 家。联盟主席由中国工业设计协会担任，联盟成员轮流担任轮值副主席，每年轮换一次。联盟秘书处设在中国工业设计协会，负责联盟的日常性工作和联络。

联盟旨在搭建联盟成员间交流与协作的平台，有效整合资源探索常态化协作联动机制，吸引工业设计企业、人才、资金等要素向园区集聚。通过发挥各园区的优势、互惠互利、合作共赢，来促进设计、创意园区的建设和可持续发展，为中国工业设计的发展创造良好的社会环境。

联盟将以贯彻落实《关于促进工业设计发展的若干指导意见》为中心，在中国工业设计协会的支持和引导下，加强联盟成员间的相互了解与诚信合作，共同探索工业设计园区的发展方向和战略目标，探索结合区域特点和产业需求，引导创新资源向园区集聚，构建工业设计公共服务平台的渠道和方式，探索工业设计向高端综合设计服务转化的有效途径，使设计、创意园区真正成为工业设计腾飞的载体，成为促进产业升级和经济社会进步智库。

附表 3-2 列出了目前的中国工业设计园区联盟成员。

附表 3-2　中国工业设计园区联盟成员

序号	所在地	园区名称	地址
1	北京	中国工业设计协会	北京海淀区万寿路 27 号院 8 号楼 7 层（100036）
2		北京 DRC 工业设计创意产业基地	北京市西城区新外大街 28 号 102 号楼（100088）

（续）

序号	所在地	园区名称	地址
3	北京	国家新媒体产业基地	北京市大兴经济开发区广茂大街九号(102600)
4		清华大学艺术与科学研究中心设计战略与原型创新研究所	北京市海淀区清华大学美术学院(100084)
5	天津	中国工业设计智造·e谷	天津市滨海新区金融界E4C-209(300450)
6	上海	上海国际工业设计中心	上海市宝山区逸仙路3000号（长逸路1号200441）
7		上海8号桥创意产业园	上海市建国中路8-10号"8号桥"期1号楼(200025)
8		亿达软件新城	上海市浦东新区世纪大道1168号东方金融广场B座2504(200120)
9		德稻（上海）设计服务有限公司	上海松江区文汇路699号(201620)
10	辽宁	大连高新技术产业园区	辽宁省大连市高新技术园区高新街1号(116023)
11	山东	新壹佰创意产业园	山东省青岛市南京路100号(266071)
12	江苏	无锡（国家）工业设计园	江苏省无锡市滴翠路100号AB幢228室(214072)
13		江苏（太仓）LOFT工业设计园	江苏太仓市上海东路95号(215400)
14		南京紫东国际创意园	南京市栖霞区马群科技园神马路2号(210046)
15		江苏大丰东方1号创意产业园	江苏省大丰市东方湿地公园内(224100)
16		武进工业设计园	江苏省常州市武进区西湖路8号(213164)
17	湖北	武汉新工厂电子商务产业园	武汉市研口区古田一路丰硕路28号(430030)
18	浙江	宁波和丰创意广场	浙江省宁波市江东区朝晖路17号上海银行大厦8楼(315040)
19		中国轻纺城名师创意园	浙江省绍兴柯桥金柯桥大道钱陶公路口创意大厦十五层一五零三室(312030)
20		杭州经纬国际创意产业园	浙江省杭州市石桥路279号(310018)
21		杭州之江文化创意园	浙江省杭州市西湖区转塘街道创意路1号(310024)
22		杭州和达创意设计园	杭州经济技术开发区金沙大道6号东部国际商务中心(IBC)221楼(310000)
23		江南传媒文化创意产业园	浙江省嘉兴市禾兴北路46号广由大厦3F(314050)
24		顾高圣泓(sunhoo)工业设计园	浙江省富阳市江滨东大道138号(311401)

(续)

序号	所在地	园区名称	地址
25	福建	厦门 G3 创意空间	厦门市龙山南路 191 号光立方创空间 (361009)
26		厦门市工业设计中心	厦门市龙山南路 84 号 (361009)
27		福建华商创意基地	福建省泉州南安市教育中心 (362000)
28		福建省工业设计创意产业（南安）基地	福建省泉州南安市教育中心 (362000)
29	广东	深圳设计产业园	深圳市南山区南山大道 3838 号设计产业园金栋 1 楼 (518052)
30		广东工业设计城	广东省佛山市顺德区北镇三乐路北 1 号 (528311)
31		广东广州经济技术开发区	广州市高新技术产业开发区科学城科丰路 29 号 (510663)
32		深圳 F518 时尚创意园	深圳市宝安区宝源路 F518 时尚创意园 F17 栋 1 楼
33		广东工业设计科技园	广州市荔湾区荷景南路 23 号 (510385)
34		珠三角设计谷	广东省佛山市国家高新技术产业发区 (545006)
35		中国（深圳）设计之都创意产业园	深圳市福田区深南中路中心公园议计之都创意产业园 6 栋 (518026)
36	四川	成都红星路 35 号工业设计示范园区	成都市天仙桥南路 6 号恒丰大厦 5 层 (610016)
37	河南	郑州金水文化创意园	河南省郑州市中州大道 2 号院（与广电南路交叉口）(450000)
38		国家知识产权创意产业试点园区	河南省郑州市金水区国基路与花路交叉口 (450045)

附录 4　朱焘《关于我国应大力发展工业设计的建议》

《关于我国应大力发展工业设计的建议》是中国工业设计协会原会长朱焘于 2007 年 2 月 12 日向温家宝总理呈送的一份具有建设性的文件。此篇文字在篇幅有限的前提下内容很丰富,抓住了落实我国经济社会发展的大政方针,也提出了工业设计发展的关键问题。

2007 年 2 月 13 日,温家宝总理在"建议"上批示:"要高度重视工业设计",并将"建议"转请国务院副总理曾培炎同志,国务委员兼秘书长华建敏同志阅示,请国家发改委同有关部门研究。此后,曾培炎同志、华建敏同志分别就"建议"中涉及的问题作了相应批示。

此"建议"中,尤其值得重温的是钱学森早在 1987 年 10 月在中国工业设计协会成立大会上说的、对工业设计具有概念定义及意义的话:"工业设计是综合了工业产品的技术功能的设计和外形美术的设计,所以使自然科学技术跟社会科学、哲学中的美学相汇合。"

关于我国应大力发展工业设计的建议

尊敬的温总理：

您好！我萌生并提起勇气给您写这封信，是因为我学习了您06年11月13日《同文学艺术家谈心》。其中讲到您去看望钱学森先生，"他说，现在的学校为什么培养不出杰出的人才？然后他就很有感触地说到科学与艺术的结合"。其实，钱老的这个重要看法由来已久，早在1987年10月他在中国工业设计协会成立大会上就说过："工业设计是综合了工业产品的技术功能的设计和外形美术的设计，所以使自然科学技术跟社会科学、哲学中的美学相汇合。"并说："中国工业设计协会所从事的工作是属于我国社会主义物质文明建设和精神文明建设的大事"。作为中国工业设计协会第三任理事长，我虽然想到总理工作太忙，但犹豫再三还是提笔冒昧打扰，还写得较长，请多原谅。

应该说，我们国家领导人对工业设计是重视的。1979年，经当时的领导人李先念、方毅同志批准，成立了"中国工业美术协会"，1987年为与国际接轨更名为中国工业设计协会。2002年4月，时任副总理的邦国同志曾对协会的报告批示："工业设计是将产品技术设计与外观设计结合起来，不仅要确保产品的技术功能，而且要给人以美的享受。这方面我与国外先进企业差距很大，应予重视，否则会影响我产品竞争力"。薄一波、王光英、倪志福、钱昌照、陈锦华、路甬祥以及吕东、袁宝华等同志都有相关批示、题词和讲话。20多年来，我国工业设计事业有了很大发展，大专院校设计类学科增加了10多倍，涌现了海尔、联想、华旗等一批重视工业设计并取得卓越成效的企业；北京、上海、广州、深圳、青岛、无锡、东莞、宁波等城市开展活动较多并把工业设计列入"十一五"发展的重要产业。

但是，我国工业设计至今可以说还处于起步阶段，与发达国家相比差距很大。不比创新能力和产品更新换代，就比政府部门对工业设计的重视程度，我们还望其项背。他们政府部门在工业化过程中重视工业设计，在后工业化时期直至现在仍然重视。比如英国设有国家设计委员会，前首相撒切尔夫人说过："英国可以没有首相，但不能没有设计师"，现任首相布莱尔多次出面倡导工业设计。韩国产业资源部下设机构设计振兴院，每年国拨资金相当于3亿多人民币用于工业设计的示范、交流、评选等活动，每年评选总统大奖。1998年，韩国总统金大中与英国首相布莱尔共同发表颇有影响的"21世纪设计时代宣言"。日本通产省内设立设计政策办公室，下设产业设计振兴会协助其工作，确定每年的10月1日为"日本设计日"，颁布国家级"优秀设计奖"。美国联邦机构内设有国内设计部，前总统克林顿1992年提出了"设计美国"的战略口号。德国、芬兰、新加坡以及我国港澳台政府部门都对工业设计有许多具体的扶持政策。发达国家和地区政府现在仍然把发展工业设计视为国策，出政策、出资金扶持工业设计，充分说明它在创新中的重要地位和作用。我国尚处于工业化、市场化过程中，各级政府更应该对工业设计给予足够的重视和支持。

企业是发展工业设计的主体，同时必须得到政府部门的支持，而现在企业和政府部门对工业设计认识有三个偏差：

一是我国早有"设计"。我国确有传统的工艺产品，解放后在许多工科大学里有各类设计学科，社会上有各类设计院，但这些与20世纪70年代从西方引进的工业设计概念有很大差异。传统工艺产品值得我们骄傲和发扬，属工业设计前的民间创造；原有各类设计大多属工程类的设计；而与工业化伴生的工业设计主要指批量生产的产品，它融合自然科学与社会科学，综合技术、艺术、人文、环境和市场营销等因素，经过创新开发，使工业产品的性能、结构和外观相协调，确保产品的技术功能,并给人以美的享受,不断满足和提升消费者物质与精神的需求。

二是只讲外观设计。工业设计的初级阶段是这样的,现在只是其中一个重要方面,我国目前设计教育中也存在只讲艺术设计的问题。但如今的工业设计,强调人性化、个性化,强调人与环境、生态和谐共生,已从产品综合设计扩展到形象设计、展示设计、服装设计、平面设计、环境设计、商业设计等,甚至包括城建设计,以解决千城一面的问题。

三是只重视技术开发。现在企业讲自主创新,大多着力技术水平的提升。我国企业迫切需要拥有自主产权的核心技术,其重要性自不待言。但同时我们不应该小视甚至忽视工业设计这个自主创新的中心和技术创新的载体。工业设计主要靠知识和智慧进行集成创新,它采用现有的成熟的技术,相对来说投资少、周期短、风险小。据美国设计师联合会调查,美国宝洁公司1990年在工业设计上投入1美元可以取得2500美元的销售收入。即使新的技术成果出现后也和现有技术成果一样,只有通过设计这个中心环节,才能转化为市场需要的新产品。再者,工业设计反过来也会向技术开发提出需求,促进技术进步。小到手机,大到汽车,莫不如此。

综上,工业设计不仅属于产业,还属于社会文化;它体现了科学与艺术的结合,是知识经济的典型形式。我们现在讲创自己的品牌,但用自己的技术,没有自己的设计,创造不出品牌;而即使使用外国的技术,但是用自己的设计,也可以创造出品牌来。因此,工业设计是企业经营的一个核心因素。我国企业从打数量战到质量战,再到价格战,现在应该在科学发展观的指引下打设计战。

我是全国政协第十届委员,曾在国家经委、计委、经贸委及航空部、轻工总会（任副会长）工作过，任过这三个委的主任，还任过经贸委企业局局长，去年底从国资委监事会主席岗位上退下来了。讲此过程，是想说我在对宏观管理、企业管理均有所了解的前提下，认为工业设计在国家经济社会发展中确实可以起到重要作用。尤其在落实党中央、国务院提出科学发展观，建设创新型、节约型、环境友好型国家的战略部署下，工业设计有着广阔的作为之地。为此，我提出如下三点建议和请求：

（一）国家发改委起草的"工业设计产业政策"尽快出台。发改委对工业设计是重视的，他们起草这个文件历时3年，但由于种种原因搁置至今。现在出台，亦逢其时。

（二）国家发改委内至少设一个处，专管推进工业设计产业；如果同时在发改委下成立国家设计委员会则更好。

（三）在人事部管的职称系列中加入"设计师"，以规范现在较为混乱的设计师评定，调动相关人员的积极性。

最后，我想引述杨振宁先生的一段话："21世纪是工业设计的世纪，一个不重视工业设计的国家将成为明日的落伍者"。

以上报告不当之处，请总理指正，并恳切希望得到总理的批示。

中国工业设计协会理事长
朱焘敬上

附录 5 全国高等院校综合设计基础教学论坛

"全国高等院校综合设计基础教学论坛"是由中国工业设计协会专家工作委员会主办,清华大学艺术与科学研究中心设计战略与原型创新研究所联合国内知名院校承办,旨在发展设计基础教学、致力于中国高等院校一线设计基础教学实践与理论探索的论坛,论坛地点以每年轮转的方式落实在基础教学开展良好的学校(见附表 5-1)。

综合设计基础教学是一个面向未来的融设计教学理念、设计教学方法、设计教学改革的大议题。中国工业设计协会专家工作委员会自 2015 年起,持续性地组织全国高等院校一线教师们开展研讨。《全国高等院校综合设计基础教学论坛论文集》是论坛的成果之一,其中的论文均是来自热心参与、积极研讨的一线教育工作者的教研成果,论文涉及设计基础通识类课程、工业设计专业基础教学类课程、跨学科和多学科综合设计基础教学类课程等内容。

附表 5-1 全国高等院校综合设计基础教学论坛列表

届	时间、地点	会议主题	成果形式
第一届	2011 年 清华大学美术学院	本科基础教学探索	现场研讨会
第二届	2013 年 郑州轻工业大学	产品造型与设计教学的新方式探索	现场研讨会
第三届	2015 年 大连民族大学	产品造型工作室建设方案研讨	现场研讨会
第四届	2017 年 南京艺术学院	设计与实践教学	《第四届全国高等院校综合设计基础教学论坛论文集》
第五届	2020 年 9 月 19 日 武汉理工大学(线上会议)	从教学中来,到教学中去	《第五届全国高等院校综合设计基础教学论坛论文集》
第六届	2022 年 3 月 27 日 湖南科技大学(第六届)	从实践中来,到实践中去	《第六届全国高等院校综合设计基础教学论坛论文集》
第七届	2023 年 10 月 21 日 山东工艺美术学院	从教研中来,到教学中去	《第七届全国高等院校综合设计基础教学论坛论文集》

附录6 中国工业设计协会专家工作委员会第三届名单

荣誉主任委员（1人）：柳冠中

主任委员（1人）：严扬

副主任委员兼秘书长（1人）：蒋红斌

委员（按姓氏笔画）（29人）：丁 伟　马春东　卢刚亮　吕杰锋　刘诗锋
　　　　　　　　　　　　　刘 新　李亚军　李剑叶　李梁军　吴 剑
　　　　　　　　　　　　　何人可　何晓佑　余隋怀　辛向阳　张 帆
　　　　　　　　　　　　　张 明　张建民　张凌浩　枣 林　罗 成
　　　　　　　　　　　　　周立钢　庞学元　钟素萍　娄永琪　徐霍成
　　　　　　　　　　　　　高炳学　黄俊辉　曹 鸣　蹤雪梅

附录 7　工业设计学习参考书目

设计思维与创新方法：

[1]　张楠. 设计战略思维与创新设计方法 [M]. 北京：化学工业出版社，2022.

[2]　陈鹏，周玥. 设计思维与产品创意 [M]. 北京：清华大学出版社，2020.

[3]　乔珂. 给设计师的研究指南：方法与实践 [M]. 谢怡华，译. 上海：同济大学出版社，2020.

[4]　李善友. 第二曲线创新 [M].2 版. 北京：中信出版社，2021.

[5]　蒂娜. 斯坦福大学创意课 [M]. 秦许可，译. 南昌：江西人民出版社，2018.

[6]　勒威克，林克. 设计思维手册：斯坦福创新方法论 [M]. 高馨颖，译. 北京：机械工业出版社，2020.

[7]　贾斯蒂丝. 设计的未来：面向复杂世界的产品创新 [M]. 姜朝骁，译. 杭州：浙江人民出版社，2022.

[8]　米罗. 完美工业设计：从设计思想到关键步骤 [M]. 王静怡，译. 北京：机械工业出版社，2018.

[9]　赫克，范戴克.vip 产品设计法则：创新者指导手册 [M]. 李婕，朱昊正，成沛瑶，译. 武汉：华中科技大学出版社，2020.

[10]　石川俊祐. 你好，设计：设计思维与创新实践 [M]. 马悦，译. 北京：机械工业出版社，2021.

[11]　洛可可创新设计学院. 产品设计思维 [M]. 北京：电子工业出版社，2019.

[12]　格里菲斯，考斯蒂. 创意思维手册 [M]. 赵嘉玉，译. 北京：机械工业出版社，2020.

[13]　李冠辰. 产品创新 36 计：手把手教你如何产生优秀的产品创意 [M]. 北京：人民邮电出版社，2017.

[14] 布朗. IDEO，设计改变一切 [M]. 侯婷，何瑞青，译. 杭州：浙江教育出版社，2019.

[15] 斯宾塞，朱利安尼. 如何用设计思维创意教学：风靡全球的创造力培养方法 [M]. 王頔，童洪远，译. 北京：中国青年出版社，2018.

[16] 普拉特纳，迈内尔，莱费尔. 斯坦福设计思维课 1: 认识设计思维 [M]. 姜浩，译. 北京：人民邮电出版社，2019.

[17] 大泽幸生，西原洋子. 斯坦福设计思维课 2: 用游戏激活和培训创新者 [M]. 税林林，崔超，译. 北京：人民邮电出版社，2019.

[18] 普拉特纳，迈内尔，莱费尔. 斯坦福设计思维课 3: 方法与实践 [M]. 张科静，马彪，译. 北京：人民邮电出版社，2019.

[19] 普拉特纳，迈内尔，莱费尔. 斯坦福设计思维课 4: 如何高效协作 [M]. 毛一帆，白瑜，译. 北京：人民邮电出版社，2019.

[20] 普拉特纳，迈内尔，莱费尔. 斯坦福设计思维课 5: 场景与应用 [M]. 安瓦，张翔，段晓鑫，译. 北京：人民邮电出版社，2019.

[21] 凯利，利特曼. 创新的 10 个面孔 [M]. 刘金海，刘爽，周惟菁，译. 北京：知识产权出版社，2007.

[22] 何晓佑. 产品设计程序与方法：产品设计 [M]. 北京：中国轻工业出版社，2006.

[23] 何晓佑. 设计问题 [M]. 北京：中国建筑工业出版社，2003.

设计基础能力：

[1] 柳冠中. 综合造型设计基础 [M]. 北京：高等教育出版社，2010.

[2] 何人可. 设计表现技法 [M]. 长沙：湖南美术出版社，2003.

[3] 魏加兴. 产品设计基础课：产品结构设计与典型案例 [M]. 北京：化学工业出版社，2023.

设计实践：

[1] 靳埭强.视觉传达设计实践[M].北京：北京大学出版社,2015.

[2] 宇治智子.设计力就是沟通力[M].千早,译.上海：文汇出版社,2020.

[3] 萨马拉.完成设计：从理论到实践[M].温涤,王启亮,译.南宁：广西美术出版社,2008.

设计史论：

[1] 萨迪奇.B代表包豪斯[M].齐梦涵,译.北京：东方出版社,2020.

[2] 斯帕克.大设计：BBC写给大众的设计史[M].张朵朵,译.桂林：广西师范大学出版社,2012.

[3] 亨顿,梅西.设计、历史与时间：数字时代的新时间性[M].梁海青,译.南京：江苏凤凰美术出版社,2024.

[4] 中央美术院设计学院史论部.设计真言：西方现代设计思想经典文选[M].南京：江苏美术出版社,2010.

[5] 李砚祖.外国设计艺术经典论著选读[M].北京：清华大学出版社,2006.

[6] 马格林.设计问题：历史·理论·批评[M].柳沙,张朵朵,译.北京：中国建筑工业出版社,2010.

[7] 贝里.奢侈的概念：概念及历史的探究[M].江红,译.上海：上海人民出版社,2005.

[8] 何人可.工业设计史[M].5版.北京：高等教育出版社,2019.

[9] 何人可,黄亚南.产品百年[M].长沙：湖南美术出版社,2005.

[10] 王受之.世界现代设计史[M].北京：中国青年出版社,2002.

[11] 王受之.世界平面设计史[M].北京：中国青年出版社,2002.

情感化与感性设计：

[1] 贡布里希.秩序感：装饰艺术的心理学研究[M].杨思梁,徐一维,范景中,译.南宁：广西美术出版社,2015.

[2] 诺曼.设计心理学[M].小柯,张磊,何笑梅,等译.北京:中信出版社,2015.

[3] 克雷.设计之美[M].尹弢,译.济南:山东画报出版社,2010.

[4] 何晓佑,谢云峰.人性化设计[M].南京:江苏美术出版社,2001.

相关设计专业:

[1] 萨马拉.设计元素:平面设计样式[M].齐际,何清新,译.南宁:广西美术出版社,2008.

[2] 阿姆斯特朗.平面设计理论:来自田野的读本[M].刘翕然,译.南京:江苏凤凰美术出版社,2021.

[3] 巴纳德.艺术、设计与视觉文化[M].王升才,张爱东,卿上力,译.南京:江苏美术出版社,2006.

[4] 史文德森.时尚的哲学[M].李漫,译.北京:北京大学出版社,2010.

[5] 柯布西耶.走向新建筑[M].陈志华,译.西安:陕西师范大学出版社,2004.

[6] 卡彭.建筑理论[M].王贵祥,译.北京:中国建筑工业出版社,2006.

[7] 安东尼亚德斯.建筑诗学:设计理论[M].周玉鹏,张鹏,刘耀辉,译.北京:中国建筑工业出版社,2006.

[8] 斯克鲁顿.建筑美学[M].刘先觉,译.北京:中国建筑工业出版社,2003.

产品服务设计:

[1] 王国胜.服务设计与创新[M].北京:中国建筑工业出版社,2021.

[2] 宝莱恩,乐维亚,里森.服务设计与创新实践[M].王国胜,张盈盈,付美平,等译.北京:清华大学出版社,2015.

生态设计与材料创新:

[1] 杨经文.生态设计手册[M].黄献明,吴正旺,栗德祥,等译.北京:中国建筑工业出版社,2014.

[2] 杨经文，吴利利安. 英汉生态设计词典 [M]. 邹涛，王健佳，译. 北京：中国建筑工业出版社，2020.

设计生产工艺与市场开发策略：

[1] 奥斯特瓦德，皮尼厄. 商业模式新生代 [M]. 黄涛，郁婧，译. 北京：机械工业出版社,2016.

[2] 陈炯. 设计生产力 [M]. 北京：中国纺织出版社,2019.

可持续设计与社会创新：

[1] 布兰德. 地球的法则：21世纪地球宣言 [M]. 叶富华，耿新莉，译. 北京：中信出版社,2016.

[2] 帕帕奈克. 为真实的世界设计 [M]. 周博，译. 北京：中信出版社,2012.

[3] 帕帕奈克. 绿色律令：设计与建筑中的生态学和伦理学 [M]. 周博，赵炎，译. 北京：中信出版社,2013.

[4] 第亚尼. 非物质社会：后工业世界的设计、文化与技术 [M]. 滕守尧，译. 成都：四川人民出版社,1998.

[5] 马格林. 人造世界的策略 [M]. 金晓雯，熊嫕，译. 南京：江苏美术出版社,2009.

[6] 雅各布斯. 美国大城市的死与生 [M]. 金衡山，译. 南京：译林出版社,2020.

[7] 何晓佑. 中文传媒绿设计 [M]. 南昌：江西美术出版社,2011.

设计课程：

[1] 亚历山德拉，米拉. 中央圣马丁的12堂必修课 [M]. 张梦阳，译. 北京：北京联合出版公司,2022.

[2] 赵砺，田园. 高等教育产品设计课程教学研究 [M]. 沈阳：辽宁电子音像出版社,2022.

[3] 王建磊.移动产品设计逻辑[M].北京：清华大学出版社，2020.

凤凰文库设计理论研究系列丛书：

[1] 萨卡拉.泡沫之中：复杂世界的设计[M].留乙文，译.南京：江苏凤凰美术出版社,2022.

[2] 佩特.设计的政治[M].朱怡芳，译.南京：江苏凤凰美术出版社,2021.

[3] 邓恩，雷比.思辨一切：设计虚构与社会梦想[M].张黎，译.南京：江苏凤凰美术出版社,2017.

[4] 克里斯托弗森.宜家的设计：一部文化史[M].张黎，龚元，译.南京：江苏凤凰美术出版社，2017.

[5] 斯帕克.唯有粉红：审美品位的性别政治学[M].滕晓铂，刘翕然，译.南京：江苏凤凰美术出版社，2018.

[6] 莫兰，奥布里安.恋物：情感、设计与物质文化[M].赵成清，鲁凯，译.南京：江苏凤凰美术出版社，2020.

[7] 法兰.设计史：理解理论与方法[M].张黎，译.南京：江苏凤凰美术出版社,2016.

[8] 沃克，阿特菲尔德.设计史与设计的历史[M].周丹丹，易菲，译.南京：江苏凤凰美术出版社，2017.

[9] 迪赛欧.对抗性设计[M].张黎，译.南京：江苏凤凰美术出版社，2016.

[10] 马格林，布坎南.设计的观念：《设计问题》读本[M].张黎，译.南京：江苏凤凰美术出版社，2018.

[11] 赫斯科特.设计与价值创造[M].尹航，张黎，译.南京：江苏凤凰美术出版社，2018.

[12] 海勒，魏纳.公民设计师：论设计的责任[M].滕晓铂，张明，译.南京：江苏凤凰美术出版社,2017.

[13] 雷曼.设计教育：教育设计[M].赵璐，杜海滨，译.南京：江苏凤凰美术出版社，2016.

[14] 马尔帕斯. 批判性设计及其语境：历史、理论和实践 [M]. 张黎，译. 南京：江苏凤凰美术出版社,2019.

[15] 劳雷尔. 设计研究：方法与视角 [M]. 陈红玉，译. 南京：江苏凤凰美术出版社，2018.

[16] 弗赖，斯图尔特，迪尔诺特. 设计与历史的质疑 [M]. 赵泉泉，张黎，译. 南京：江苏凤凰美术出版社,2020.

[17] 迪诺特. 约翰·赫斯科特读本：设计、历史、经济学 [M]. 吴中浩，译. 南京：江苏凤凰美术出版社,2018.

当代中国工业设计研究实践丛书：

[1] 柳冠中. 苹果集：设计文化论 [M]. 南京：江苏凤凰美术出版社，2022.

[2] 郑建启，胡飞，郑杨硕，等. 产业研究案例 [M]. 南京：江苏凤凰美术出版社，2022.

[3] 蒋红斌. 园区新经济 [M]. 南京：江苏凤凰美术出版社，2023.

[4] 庞观. 国际设计奖项与创新型社会建构研究 [M]. 南京：江苏凤凰美术出版社，2022.

相关领域知识拓展：

[1] 鲍德里亚. 消费社会 [M]. 刘成富，全志钢，译. 北京：中国社会科学出版社,1970.

[2] 布希亚. 物体系 [M]. 林志明，译. 上海：上海人民出版社,2001.

[3] 何人可. 工业设计专业英语 [M]. 北京：北京理工大学出版社,2004.

后记

本书的写作初衷是为了通过对中国工业设计发生、发展所取得成果和案例的梳理，增加工业设计在产业界和学术界的凝聚力，不断探索与拓展设计创新前进的新动向和新势能。本书核心观点与典型案例分析基于笔者所带领的研究团队近二十年的研究成果以及深度访谈超过五十位来自产业、企业和学界专家的总结梳理，并依此展开对书中产品、企业、产业、工业设计中心、区域园区和设计城市的解读。

首先，通过本书可以了解到中国工业设计发展的趋势与方向，洞察工业设计研究在中国落地生根的情况。通过产学研多领域专家推荐形式，笔者选择了书中的设计典型案例，重点考察它们对中国工业设计发展的影响。截至书稿完成之时，书中的设计创新案例均具备了时代的引领性，通过制造、质造、智造引领实现了中国制造向中国创造的战略性历史转型。同时，通过考察中国企业工业设计中心的发展水平，验证了中国设计赋能企业与品牌构筑生态体系的创造性作用。

其次，笔者多年来致力研究中国企业工业设计的发展特色与特质，结合国际发展局势，断定中国未来工业、经济、文化和社会发展的强势输出方略。结合中国特色社会主义发展道路，从设计研究层、企业实践层、战略决策层构建以工业设计为核心的赋能国家发展计划。基于国家发展方略，以国家文化软实力建设为目标推动中国企业与产品在国际市场突围，以设计创新助力国家"一带一路"建设，并最终探索具有国家特色、代表国家文化形象的中国品牌文化软实力构建路径与方案。

其三，书中对国家促进工业设计相关政策进行梳理和解读。对标工业设计先进国家的政策启示，从宏观角度分类、解析和总结了中国工业设计发展脉络。本书重点关注 2015 年之后中国通过产能释放提升国际竞争力的创新路径，关注国家政策对中国工业设计站上历史舞台的推动作用，从宏观视野分析国民经济变革下工业设计的发展机制。

其四，书中对中国工业设计发展的内在运行机制进行逻辑关系梳理。中国的工业设计事业与从业机构的趋势变化无疑受制于多方载体的利益关系，然而不应忽略的是，工业设计的根本要务仍在于合理满足人类命运共同体的发展需求。设计作为服务载体无论如何演进，始终应遵循以人为本的恒定价值，发挥设计的人文向度。设计创新通过一系列行之有效且具备可持续价值的服务体系施益于人类本身，作为当今社会经济组成中设计的实践者，企业设计部门与独立设计机构都在维持其生存和发展的基本前提下，承担着修缮和提升工业设计文明的历史责任。

最后，探索中国当代工业设计的发展路径与创新实践，始终对推动工业设计与社会、经济、文化建设的协同创新意义重大。所谓"实践是检验真理的唯一标准"，在工业设计理论研究与实践创新进程中要始终调整步调，在实践中认识、在实践中更新、在实践中反思、在实践中升维，进而更好地把握和认知中国工业设计自身发展的价值与使命。

感谢赵妍、陈建锐、谭纳川、袁康玲、范晓阳、毛欣怡、张诗睿、张璐瑶、王美袭、袁腾坤等人对本书所做的贡献。